猫王传

韩祖铎 著

ZHEJIANG UNIVERSITY PRESS
浙江大学出版社
·杭州·

目　录

引　言

1977 年 8 月 16 日下午 3 点半,美国田纳西州孟菲斯市市郊的格雷斯兰庄园(Graceland,亦可称"雅园")骤然传出噩耗,其主人在家里突发心脏病,送医院后抢救无效,不治身亡。

稍后,孟菲斯市的各广播电台、电视台立即中断正在播放的节目,宣布并哀悼这位人物的英年早逝。过后不久,全国广播公司和美国广播公司的广播、电视网陆续向国内外以头条新闻的形式播送了这一惊人的消息。

接着,孟菲斯市以及全国其他许多城市很快出现两大人流,一是各媒体的记者,一是逝者的崇拜者,大家不约而同、百川归海似的先后涌向格雷斯兰。

4 点半左右,格雷斯兰大门外石墙周围聚集了闻讯赶来的群众多达三四千人。傍晚时分,悲恸的人群增至两万有余,宽大的铁门外侧被围得严严实实,水泄不通。晚间,人潮依旧,彻夜不散。

次日午后,主人遗体从市区著名的浸礼会教会医院运回,前来瞻仰遗容者日以继夜,络绎不绝。悲痛不已的吊唁者越来越多,地方当局唯恐出事,遂派出 200 多人的警力,外加一个由 120 人组成的医务队,以维持秩序,防患未然。格雷斯兰周围的上空,还有两架直升机在盘旋待命。

当时的情景极其动人。众多的吊唁者步出格雷斯兰后仍不愿离去,素不相识的人们居然像老朋友似的搭话交谈,倾诉对逝者的无限思念之情。有人掩面饮泣,有人失声痛哭,有人仰天长吁,有人垂头哀叹。

第三天晚上,在格雷斯兰前方那条以此庄园主人名字命名的大道两旁,仍有两千多吊唁者不忍离去,悲凄凄地在为亡灵祈祷。这时,一辆过路汽车突然失控冲入人群,当场蹍死二人,重伤一人。司机是个 18 岁青年,名叫特里斯·惠勒。小伙子得知格雷斯兰的主人猝死,如丧考妣,不胜悲痛,神情恍惚,昏昏然闯此大祸。

两天后,庄园主人的葬礼在孟菲斯的福里斯特希尔公墓举行,当长长的出殡车队,特别是逝者的灵柩车穿过市区时,沿街伫立注目的男女老少莫不哀叹悲咽,一路上人群连绵不断,足有 20 余万人。

格雷斯兰主人的溘然长逝,震惊全美。举国上下,无不为之惋惜悲叹。当时的美国总统吉米·卡特(Jimmy Carter)破天荒地发来唁电,称:"他的去世是我们国家的一个损失。在世人心里,他象征美国的活力、情趣和创新精神。"

引起偌大震惊和悲恸的逝者究竟是何许人?

他是埃尔维斯·阿伦·普雷斯利(Elvis Aaron Presley),美国家喻户晓的"摇滚乐歌王"(King of Rock and Roll),即鼎鼎大名的"猫王"。

这位 20 世纪响当当的美国文化名人是怎么成名的,如何获此雅号,他出身豪门吗,学历高吗,有权威扶持吗,有什么业绩,有怎样的生活经历……种种情况与疑问颇值探究。

穷苦岁月

（1935—1953）

家境贫寒

20世纪30年代，美国经历经济大萧条，百业凋零，民不聊生。南方各州深受其害，密西西比州尤甚。

1935年1月8日，密西西比州东图佩洛镇的一户农家要添丁了。由于贫穷，产妇只好在家待产。按照当地风俗，家门长辈当时侍候身旁。女主人格拉迪斯·普雷斯利在阵痛苦熬中好不容易产下一子，却是个死胎。稍后，在场的男主人弗农·普雷斯利的父亲杰西·普雷斯利见儿媳的腹部仍显凸起，随手按了一下儿媳的肚皮，颇为自信地对儿子说道："弗农，这儿还有个小子。"

老人"金口玉言"，一语破的。格拉迪斯稍后竭尽全力，一鼓作气,竟又产一胎,为人丁兴旺但家当令人哀叹的普雷斯利家族又添一员。

这天,这位年轻产妇真是悲喜交集。为新生婴儿,她辛辛苦苦穷忙了大半个年头,每天清晨匆匆徒步赶往 5 英里外一家服装厂做工,傍晚下班后又匆匆赶回家干家务,晚上则挑灯夜战,亲手缝制褓褓衣物。忙这想那,甚至给孩子的名字都起好了——要是男孩,就叫杰西·加仑。生下来的果真是个男孩,模样儿挺可爱,但却一直不吭气、不动弹,她的心顿时感到冰凉,悲痛至极。过后不久,随着一阵疼痛,她又产下一子,胎儿呱呱坠地时,啼声特响,长相更加可爱,她的心突然感到无比温暖,不禁破涕为笑。在庆幸中,她和丈夫弗农给爱子取名埃尔维斯·普雷斯利。

普雷斯利家族此时虽显寒微,但其家史颇具传奇。普雷斯利家族在美国的成长紧紧依附着合众国的成长。该家族有迹可查的祖先老安德鲁·普雷斯利是于 18 世纪中叶随欧洲移民潮来到美洲大陆的。他来自苏格兰一穷乡僻壤,目不识丁,但身强力壮,很快与其妻在北美东海岸北卡罗来纳一小镇安了家,后来他进入一铁匠铺打工为生。次年他们喜添一子。娃娃外貌酷似其父,遂被起名为小安德鲁·普雷斯利。

美国《独立宣言》发表的那年——1776 年,小安德鲁 22

岁,已有家室,其妻——一位来自爱尔兰的移民——已生养了一对儿女。这年年初,他们在南卡罗来纳的兰开斯特县购置了一片土地,正准备大干一番,办个农场。此时,英属北美大地的革命风暴正如火如荼进行着,乔治·华盛顿领导的革命部队——大陆军——正席卷全境。在时代的感召下,小安德鲁·普雷斯利参了军,成为一个革命战士。他虽没有文化,但体力很好,能吃苦耐劳,服从军纪,英勇杀敌,是个忠诚的"普通一兵"。1783年革命战争结束时,他光荣退伍,回到故乡,继承父业,打铁营生。除店铺收入外,他每月取得荣军退休金20美元,直至他101岁生日前夕过世为止。

普雷斯利家族此后四代虽人丁兴旺,但生活状况无甚改善。他们到处寻找工作,先后跋涉于佐治亚州、田纳西州、密西西比州的城镇和乡村,但得到的机会不多,干的活都很重,赚的钱却很少,他们多为临时工、搬运工、农场的种植工、采摘工。合众国经历的几次对外战争及一次内战,普雷斯利家族每次都有一两个成员参军,但这并没给他们带来好运,家道始终不昌,生计始终艰难。

光阴似箭,日月如梭。时至19世纪末,普雷斯利家族已延续到杰西·普雷斯利这一代人。杰西于1896年生于密西西比州的伊托瓦巴县,小时候是个顽皮捣蛋的问题儿童,11岁逃学后再没返回学校,5年后成为一个任劳任怨的小佃农。

虽说他肯做能干,但却爱吃贪喝,时常入不敷出。17岁时,他邂逅邻县福尔顿县的明妮·梅小姐。当时她是个25岁的老姑娘,但家里很富裕。他们一见倾心,他爱她那丰厚的嫁妆,她爱他那英俊的外貌。婚后没几年,她的嫁妆耗光了,而他的外貌更英俊了。于是,危机产生了,他的爱逐渐转向别的有钱女人。当他们后来正式离婚时,儿女已成群——2男3女,弗农·普雷斯利是次子。

弗农的外貌酷似其父,但性格与老爸迥然不同,不爱动,懒得干活儿。父子关系逐渐紧张,但母子感情深厚。15岁时,弗农不甘当个小佃农,毅然离家出走,独自谋生,学做木匠活儿。不过,他的木工生涯持续得并不长。与其说他做活儿挑三拣四,不如说他择业时目标不明确,要求太虚幻,上班时不专注手上的工作,经常仰望天空,心猿意马,做白日梦。

在寻求工作的过程中,他机遇不佳,但在追求生活伴侣时,他很快交上桃花运,遇见并爱上容貌秀丽、手脚勤快的格拉迪斯·史密斯。她是在1933年春随家人从邻近的西点镇移居到图佩洛镇的,其家境更差。父亲罗伯特是个贫农,劳累病死时,她只有14岁。此后,她一直不辞劳苦地协助体弱多病的妈妈支撑着这个家,他们兄弟姐妹多达8人。她18岁时进入一家服装厂,当上缝纫工。

这年春末的一个星期天上午,弗农与格拉迪斯在当地一教堂做礼拜时结识,他见她既漂亮又活泼,颇为动心;她见他文质彬彬,眉清目秀,很有好感。过后,经历两个月旋风式的亲密交往,他俩就结婚了。这对年轻人的匆匆结合,一方面由于一见钟情,一方面也有难言之隐——彼此都想借此摆脱贫困的家庭,寻求美好的未来。当时,弗农17岁,格拉迪斯已21岁,但在结婚登记时,他们耍了花招,她声称芳龄19,他说自己22岁。

这一对年轻人的新居离弗农的老家不远,坐落于东图佩洛的老萨尔蒂略路旁。房屋土地是向家族中一成员借用的,建造资金是向亲友借贷的。一栋15英尺宽、30英尺长的两室简陋住房,当时共花去180美元。这弹丸之地是他俩的爱巢,也是他们的爱子埃尔维斯·普雷斯利诞生之处。

母子情深

由二人寒舍变为三口之家使夫妻俩倍感宽慰,其乐融融。然而,在欢欣之余,他俩心头也出现愁云。家里生活开销骤增,收入却依旧很低,很不稳定。这两年,弗农一直是个打杂的临时工,牛奶场、木材厂、杂货铺都干过,有机会也给农场、商店开开汽车。他无正业,也许由于他心思不定、眼高手低,也许由于他干劲不足、体力不济,说到底,也许兼而有之。他毕竟没读过几年书,没学过什么手艺,缺少真才实学,才到处碰壁,流年不利。

格拉迪斯当妈妈后就当不了缝纫工了。一方面在她临产、坐月子期间服装厂解雇了她,另一方面她得自己抚养小宝贝,不能脱身求职。数月过后,不得已,她竟跋涉于邻近山间田野,给一农场采摘棉花,赚点钱贴补家用。她是个个性坚强、宅心仁厚的女人,为了心肝宝贝,她甘愿不辞劳苦,要挣钱,也要抚养孩子。在那些繁忙的时日里,人们见她身边总有一个厚厚的大布袋,采一阵子棉花,抱一会儿放置在布袋内的小宝贝,喂喂奶,亲亲脸。

在那段艰苦的岁月里,气候还算平静正常。可是第二年春天——1936年4月中旬,美国天气十分异常,南方各州,特别是密西西比州,比往年闷热许多,经常骤然乌云密布,电闪雷鸣,飞沙走石,昏天黑地,刮起剧烈的旋风,有时风速高达每小时260多英里。一天傍晚,这样的龙卷风横扫了图佩洛镇,使大部分人家遭了殃,屋毁人亡,夺去216人的生命,重伤近700人。弗农、格拉迪斯和埃尔维斯虽然侥幸躲过这一劫,但当时险恶的情景真吓坏了母子两人,顶着狂风飞沙,格拉迪斯右手抱着幼小的儿子,左手拉着醉醺醺的丈夫,艰难地躲进邻近的避风掩体。儿子紧紧搂抱着妈妈,吓得号啕大哭,妈妈竭力呵护儿子,泪流满面,丈夫却躺在地窖的长凳上呼呼大睡。

没有天灾人祸的岁月里,他们的日子也不好过。在接下去的两年,弗农的工作仍时续时断,收入时有时无,格拉迪斯也不再有兼顾儿子的工作好做。为全家一日三餐,特别是为儿子的温饱,她有时不得不向亲戚借贷,并立下保证,如到时还不清债,一定以劳务抵偿。为生活,为儿子,任何艰难、苦差,她都在所不辞。

格拉迪斯对儿子的疼爱与呵护在亲朋好友中是尽人皆知的,凡是小宝贝爱吃的食物,她都精心调制,什么花生白脱、苹果馅饼啦;凡是他爱穿的衣服,她都亲手制作,不论内衣外套还是连衣裤之类的。平时在家里,她总是围着他忙这忙那。当他能走到屋外玩耍时,她常形影不离,关怀备至。他与小朋友玩耍受欺负时,她心不慈、手不软,会立即拿起屋旁的长扫把追剿"来犯者"。后来,当他上东图佩洛小学时,她对儿子的保护不再限于家门口,而是延伸到了校门口。每天两次接送,风雨无阻,直至他小学毕业。

这三口之家有两年却是母子俩相依为命的。1938 年至 1939 年间,弗农由于擅自涂改所得的支票数额,被法院判为欺骗罪,被囚禁在帕奇曼监狱,当年轻的母亲手牵着步履蹒跚的儿子去探监,儿子问她为何爸爸待在这里,不回家照顾他和妈妈时,可怜的母亲有口难言,悲恨交加,痛不欲生。

格拉迪斯笃爱儿子的缘由是多方面的。首先,埃尔维斯是双胞胎中硕果仅存者——加上她次年怀孕后小产罹病,不能再生——是她唯一的骨肉,是她生活的希望。在生活的激流中,她逐渐领悟到,缺少文化、没有专长在社会上是站不住脚的。她可不愿让孩子重蹈他们的覆辙,她得好好培养他,让他上学,学好本领,将来挣大钱,过好日子,别像父母这么穷困潦倒。

其次,儿子本身似乎也很争气,不但长得像样,而且心地善良,听话好学,讨人喜欢。她多么希望他将来学有所成,当个工程师,最好成为牧师,到处受欢迎,受尊重,收入多,地位高。

格拉迪斯跟弗农一样,也是个虔诚教徒,对教会、牧师十分崇敬,那感人肺腑的布道、庄重和谐的乐声、动人心弦的圣歌,都令她念念不忘。幼小的儿子,礼拜天跟着爸妈上教堂,对这一切似乎也有同样感受。更有甚者,他常注视圣坛,自觉跟着吟唱。对此,她看在眼里,乐在心里。

母子之间的感情在这样的生活现实中得到融合和升华。

英俊少年

普雷斯利家族在图佩洛镇世世代代都是农民,由于生计艰难,平时大都心境不爽,但在农闲时或节假日,他们经常自娱自乐。有人喜欢弹琴奏乐,有人爱好哼唱歌曲。弗农的叔父路德·普雷斯利曾是镇上知名的音乐人,改编过几首圣歌,后来被许多人欣然传唱。弗农本人继承先人部分衣钵,也会唱一些,嗓音还不赖。他的哥哥维斯特尔也是积极参与者,不但时常来吊吊嗓子,还喜欢拨弄琴弦,会自弹自唱,气质不凡。

家族的这种音乐氛围对小埃尔维斯无疑产生了不小影响,但真正使他对音乐、歌曲产生兴趣进而入迷的,首推教堂做弥撒时播放的一种宗教音乐——福音乐曲(gospel)。

格拉迪斯和弗农都是虔诚的教徒。他们笃信上帝会,这是基督教的一个教派,崇仰圣灵降临与原教旨主义。集会时,布道者身着盛装,高谈阔论,随后教友们欢呼歌唱,纵情跳跃,好像圣灵真的降临人间,带来安宁祥和。美国当时信奉上帝会的大多是穷苦大众,因它给人们的心灵带来莫大安慰和希望。

埃尔维斯长大后常回忆说:"四五岁时,我每天盼望的就是星期日,这天上午,我们全家都到教堂去。那儿是我学习唱歌的最好地方。"

随着年龄的增长,埃尔维斯对福音之类的宗教乐曲逐渐入迷。跟双亲一起坐在教堂当中的长椅上做礼拜,他往往看不清前面圣坛上谁在领唱,也听不清唱什么,只觉得很好听,很神奇,恨不得到唱诗班那儿去看个究竟,听个痛快。有几次,他心驰神往、忘乎所以,独自悄然离座径直走到圣坛旁,翘首企足,屏息谛听,随着跟唱。小小少年如此迷恋福音乐曲,令在场全体教友十分惊讶,称赞不已。

做礼拜、听圣乐、唱福音让埃尔维斯逐渐获得一点儿音乐感,慢慢敢于放声歌唱。几年过后,他那稚嫩而响亮的童音终于得到一次自我表现的机会,唱响由小学音乐老师格兰姆斯夫人所教的一支儿歌。

这次机会来自一次密西西比州—亚拉巴马州农产品展销会。这种州际交易会每年举行一次,1945 年在 10 月中旬举行,它是图佩洛地区最盛大的集会,其欢庆的氛围仅次于圣诞节。

这次大会的主要活动是进行两个州糕点、奶粉、奶酪、奶油等商品的交易,而且,在集会期间还会开展一些喜庆的文化活动,包括优良牛羊品种的展示、牛仔骑术表演、杂技、舞蹈及歌咏比赛等。

得知这次本地将举办歌咏比赛,埃尔维斯异常惊喜,对妈妈直嚷:"太好了,我有机会看表演啦。"后来,他在学校听说歌咏比赛无年龄限制,就赶回家报信。"妈,我能参加这次大会的歌咏比赛吗?""能,我的宝贝。"格拉迪斯立刻鼓励儿子。哦,她自己小时候也喜欢唱歌、跳舞,但到后来,哪有这种机会呀?

不过,最支持埃尔维斯参加这次歌咏比赛的是他当时就读的劳汉小学五年级的那位女音乐教师。她在校长科尔先生面前大力推荐他,并帮助他填写有关表格。参赛的前夕,他在家里经父母指点认真彩排了一次,不但记熟歌词、唱准曲调,还穿上他当时最像样的衣服,一套尺寸嫌小、色彩暗淡的粗布校服,并梳齐抹上"凡士林"的头发。

次日他参赛时,人们见舞台上出现一个衣装朴素、眉清目秀的小男孩,他先毕恭毕敬向台下鞠了一躬,然后,随着一阵手风琴的伴奏声,开始吟唱一首流行的儿歌。此曲开头一段里,他显得很紧张,嗓音有些不调和,吐词不够准,有些跟不上伴奏。唱后面一段时,他聚精会神排除怯场的干扰,情况大有改观。唱最后一段时,他好像完全进入角色,情绪和感情获得释放,稚嫩的童声显得响亮、动听而激昂。此曲名叫《老牧羊犬》("Old Shep"),是一首著名的美国儿歌,描绘一个人、犬之间的动人故事。小埃尔维斯声情并茂的演唱赢得全场热烈的掌声,使他荣获这次大赛的第二名。奖品是展销会全程旅游汽车票三张,外加奖金5美元。图佩洛广播电台直播了这次盛会——交易会上的"达人秀"(*Talent Show*),许多听众由此得知本地出了一个英俊少年,不赖的小歌手。

歌咏会上的获奖让他欣喜不已,不过他还想得到更多更好的礼物。再过几个星期就是自己的生日,他要妈妈给他买一辆小自行车,啊,还要一支小猎枪、一把小吉他。哎哟,口气真不小啊,怎么买得起,妈妈最后只答应买其中一件。

1946年1月8日,在11岁生日那天,他从妈妈手里得到一件他梦寐以求的、花了7.75美元买来的礼物——一把吉他。当时,母子俩绝没有想到,这种乐器会在他往后的人生旅途中一直陪伴着他,从没间断,给他们带来那么多的快乐、荣耀、金钱和烦恼。

漂泊异乡

有了一把吉他,他雀跃了好几天。过后,一有空,他就去找伯父维斯特尔,讨教拨弄琴弦的手法与诀窍。大伯父原来就欢喜这个小侄儿,现在他诚心来学,高兴得很,就手把手指点。两个月之后,这双小手居然把琴弦弹拨得蛮像样了,不仅入调,还有些流畅。

此后的两年里,埃尔维斯的学业成绩和弹拨水准不断上升,但他家的经济却每况愈下,入不敷出。他爸在本地仍旧找不到什么好工作,全家生活异常艰难。

1948年9月初,弗农与格拉迪斯不甘沦落,也出于无奈,决心去邻近的田纳西州碰碰运气。对此事,埃尔维斯多年后曾回忆说:"我们那时穷极了。一天中午,我们收拾好所有东西之后,就离开了图佩洛。爸爸把我们全部家当打成几个包,塞进一辆1939年型的普利茅斯老爷车里,将我们带到孟菲斯。"

孟菲斯(Memphis)乃田纳西州最大的城市,位于该州西南边陲与密西西比河交接处,交通便利、气候宜人、实业发达,不但是美国南方主要的工商业中心,也是文化、娱乐业的重镇。普雷斯利一家三口这次迁移到这块风水宝地,大方向肯定不错。不管怎么说,就业机会能大大增多,工作种类会多得多,儿子念书的学校会棒得多。他们满怀希望和憧憬而来。

看着孟菲斯那些宽阔热闹的街道、鳞次栉比的楼房、琳琅满目的商店、衣着入时的人群和鲜艳夺目的广告,他们夫妻俩——还有,特别是儿子——好像进入了另一个世界,一个全新的、梦幻般的世界。

然而,初来乍到,举目无亲,他们成了流浪者,无人理睬,弗农只好边开车边问路,最后在一条偏僻街道上找到一家汽车旅馆,权且安顿过夜。

次日下午,在杨树街 572 号——孟菲斯市郊工业区,他们终于觅到住处,一间长方形、带家具的房屋,其大小跟图佩洛他们的老家差不多。在无可奈何的酸楚之中,他们解开了随身带来的行李,轻装入住,实际上却背上了生计无着的包袱。

在人生地不熟的异乡,好机会、好差事不会等待无一技之长的求职者。弗农东寻西找,一周后工作才基本落实,为一家食品批发公司开货车,任务是临时性的,工资是最低的。

儿子的教育,双亲——特别是妈妈——当然没有忘怀。几经转折、筹措,他们终于在 1948 年 9 月中旬把儿子从图佩洛的米兰初级中学转到孟菲斯的克里斯丁学校的八年级,让他继续其初中学业。

在移居孟菲斯近一年的岁月里,家庭境况仍不见好转,这使格拉迪斯很失望、很沮丧,令埃尔维斯也想不通。1949 年春季,普雷斯利一家山穷水尽了,房租付不起,无家可归。他们只好硬着头皮向市政府所属的社会福利机构申请救济。几经查询核实,这家机构终于伸出援助之手。

1949 年 9 月,普雷斯利一家被允许搬入市区温彻斯特街 185 号的一套公寓里,这是政府提供给贫苦市民的救济住房。两室一厅,一个卫生间,一个厨房。虽说房屋已经旧损,但这却是他们有生以来住过的最豪华的住宅,他们自豪得像富豪一样。

三口之家的再次乔迁虽谈不上时来运转,但给老家的亲戚传递了喜人的信息,使他们认为孟菲斯是块风水宝地,迟早会滋润他们这些临近干瘪的穷苦人。

于是,不久之后,格拉迪斯的哥嫂一家、弗农的母亲明妮以及维斯特尔一家相继都来孟菲斯安家落户。至亲异地团聚,虽穷也宽心。最高兴的是埃尔维斯,他从此不但有了祖母的照顾、堂表兄弟的陪伴,还有了伯父在音乐方面的指引。

1952年下半年,他们的生活相继出现转机。格拉迪斯及其弟媳进入了一家窗帘厂,弗农和维斯特尔兄弟俩都当上了某厂商的正式司机。工作相对稳定了,大伙的日子好过了些。

来孟菲斯后的第二年,埃尔维斯转入休姆斯中学(Humes High School)。这是个职业学校,他主修工艺专业。在校的一年多里,他给老师的印象是学业成绩一般,但外表非同寻常,有些孤僻、腼腆、好动、爱唱,并能自弹自唱。的确是这样,他有时不但愿意在班会上露一手,还会在众人面前展示一番。在1952年底举行的休姆斯中学"圣诞音乐会"上,他以一曲《冰冷的手指》("Icy Fingers")赢得全校师生热烈的掌声。

沉迷音乐

埃尔维斯的成长过程中,不论是在图佩洛的教堂里,集会上,还是在孟菲斯的家里、学校里、影院里、商店里,他最关注的、最敏感的往往是音乐。起初他熟悉的是福音乐曲,一种庄严和谐的宗教音乐,后来是节奏布鲁斯(rhythm and blues,又称节奏蓝调),一种节奏很强、情调奔放的爵士乐,再后来是乡村与西部乐曲(country and western),一种在美国西部和南部广为传唱的流行音乐。

埃尔维斯倾听这些音乐时间最长、次数最多的地方当然是在家里,在收音机旁,跟妈妈边听边聊。格拉迪斯也是个乐迷,特别欣赏汉克·斯诺唱的乡村歌曲。他自己喜爱的歌星可多啦,唱福音的有布莱克伍德兄弟以及斯塔兹曼四重唱——后者演出时的华丽服饰、激情动作和高雅曲调使他感触颇深;唱布鲁斯的有比比·金、布弗斯·托马斯等;唱乡村歌曲的有密西西比·斯利姆、汉克·斯诺等。他们都是当时美国乐坛有关乐种的知名歌手,体现并代表着各自独特的演绎风格。

在孟菲斯,播放这些音乐最多的是当地的广播电台,特别是 WDIA 与 WHBQ 两家私营电台。他们每天不但提供数次固定的一般音乐节目,还播送特定的布鲁斯和乡村音乐,有录音作品,也有歌手现场献唱。锦上添花的是,主播人多为乐坛的知名人士或评论家,与歌手切磋这门艺术时往往妙语连珠,妙趣横生。

在这南方大都会里,乐声最响亮、气氛最热烈的地方是闻名遐迩的比尔街。这条路,商家林立,拥有众多的音乐吧、乐器中心、布鲁斯俱乐部、乡村餐馆、歌舞厅和电影院,是乐迷——特别是像埃尔维斯这样爱动的青少年——喜欢溜达转悠的场所。此外,时髦的服装店在这条街上也很多,其中一家名叫兰斯基兄弟的商店,埃尔维斯就时常光顾,一边挑选当时风靡全国的时装,紧跟时尚,一边聆听店里播放的流行音乐,沉迷音乐。此情此景,多次重现,多年后仍勾起他许多美好的回忆。

音乐及其传播的场合对埃尔维斯的影响是巨大的,但歌手以及他们表演的风格,对他更具诱惑力,不管是白人还是黑人。孟菲斯地处美国南部,黑人较多。爵士乐,特别是布鲁斯,在黑人中是广为流传的。激情奔放的旋律、舒展浑厚的嗓音以及粗犷无拘的摆动,是他们演唱的独特风格。对于这些,埃尔维斯一直看在眼里,记在心里。

对于新颖的东西、异样的事物,埃尔维斯总是特别敏感。在音乐方面表现为对黑人布鲁斯歌手激情咏唱、边唱边舞的表演风格和白人乡村歌手怀抱电吉他边弹边唱的艺术手法极度赞赏。在生活方面则表现为赶时髦、重享乐。

读高中时，他逐渐开始注重个人仪表。16岁时，他开始蓄长发，留鬓角，着花衬衫，穿镂花皮鞋。他们家的经济情况当时虽然逐渐有所改善，但还谈不上宽裕。于是，他就白天上课，晚上去比尔街一家电影院打工，做向导什么的。辛苦些无所谓，有钱花就行。

他对自己的长发低鬓、奇装异服虽很得意，有时却招来别人的白眼，甚至拳头。一次，在学校里，他就遭到一群人的围攻。他们看不惯他那发型服饰和神气活现的样子，扬言要用"快刀斩乱麻"的方式剪掉他后脑勺的"鸭屁股"以及他身上穿的那些花里胡哨的玩意儿。此时，正好一个身材魁梧的学生走过并站了出来，为他说了好话，很快替他解了围。这人名叫雷德•维斯特，是校橄榄球队中锋，比他低一届，也酷爱音乐，并好打抱不平。事后，两人做了朋友，后来成为至交，彼此形影不离，一个成为另一个的保镖。

埃尔维斯重仪表、爱打扮的个性可以追溯到普雷斯利家族中的上几代人。远些的暂且不提，就说埃尔维斯的祖父杰西以及父亲弗农。他们两人年轻时虽然家境穷困，但外表俊俏。他们有时会自我欣赏，想装饰自己，打扮得更漂亮，可是谈何容易，两代人一直住在密西西比州的穷乡僻壤，只是贫农或临时工。

如今,埃尔维斯·普雷斯利生活在田纳西州的大都会孟菲斯,时光已进入 20 世纪 50 年代。此时的美利坚合众国已成超级大国,国泰民安,歌舞升平,一派兴旺。他们这三口之家,随着双亲工作的稳定、收入的增加以及见识的增长,生活已今非昔比了,特别是埃尔维斯,他在茁壮成长着。

中国有句俗语:"女大十八变,越变越漂亮。"这句话用到埃尔维斯身上,似乎也适用。

他 18 岁时更注重仪表,喜欢照镜子,勤修饰。对着镜中的自己,他往往怡然自得。他如今已长成一个帅小伙:6.1 英尺(1.85 米)的身高,170 磅的体重,白皙的皮肤,褐色的头发,蓝晶晶的眼睛,直挺挺的鼻梁,整洁的牙齿以及丰满的嘴唇。

旭 日 东 升

（1954—1957）

一鸣惊人

1953 年 6 月中学毕业后,埃尔维斯随即步入社会,先在本地一家精密工具厂觅到一份工作,后来跳槽到皇冠电器公司当卡车司机兼仓库保管员。待遇不错,周薪 41 美元,他似乎顿时暴富起来。

为公司开车运货过程中,他经常来往于尤尼恩大街。这条路上有家店铺颇引他注目,其橱窗上方标有"太阳录音室"(Sun Studio)的字样。

这年夏末的一个星期六下午,这家录音室值班的秘书兼营业员玛丽恩·斯基柯小姐突见一个衣着花哨、头发往后梳得光溜溜的小白脸儿走进店来。

"小姐,我想录制一张唱片,听听自己的嗓音怎么样。它将作为生日礼物,送给妈妈。"埃尔维斯说。

"太好了,"斯基柯小姐笑着迎上去,"您要唱哪种歌曲?歌声像谁的?"

"不像任何人,是我自己的。"小伙子的大眼睛显露出诧异的神情。

过后,她小心翼翼地给他录下两首歌,《我的幸福》("My Happiness")和《那是你伤心时》("That's When Your Heartaches Begin")。埃尔维斯随即付了4美元,欣然离去。

她的谨慎操作是有缘故的。首先,她任职不久,尚未精通此道;其次,她记得店老板曾经说过:"要是你能发现一个白人具有黑人那种嗓音和气质,我们就会发财。"她当时觉得埃尔维斯就是这样一个人,嗓音、气质都不错。但是录音的效果不好,埃尔维斯后来对唱片并不满意。

1954年1月4日,埃尔维斯又去太阳录音室,这次巧,他遇见了经理萨姆·菲利普斯,花4美元又灌了一张,曲名是《巧合的爱情》("Casual Love Affair")和《我决不碍你的事》("I'll Never Stand in Your Way")。

经理听后没有被打动,但却承认他唱得还可以,并且顺便说道,要想唱成功,制成唱片,推向市场,还得好好磨炼一番。最后请他留下姓名、地址,以备不时之需。

这位经理不是一般的音乐制作人。他原来是本地一家电台的音乐节目主持人,对布鲁斯音乐和新歌手特感兴趣,对美国流行音乐的发展十分关注。他当时不但搞录音制作,也做唱片的销售,与芝加哥、旧金山几家唱片公司时有业务往来。斯基柯小姐记得很清楚,他一直在寻觅一个歌手,此人必须具有动听的黑人嗓音和迷人的气质,还必须是个白人。

意外地获得"太阳"经理的关注,埃尔维斯颇感欣慰。他工作、生活的这个地区,霎时好像变成了一片阳光地带。孟菲斯市尤尼恩大街上这个不起眼的录音室往后会成为他的"太阳"吗?会给他带来太阳的光芒吗?

两个月后,埃尔维斯接到"太阳"的电话,说要请他去一趟。随后,他立刻飞也似的跑过去。

店里,秘书、经理两人都在,萨姆笑着说:"最近从音乐城纳什维尔寄来一张很好听的试样唱片,黑人唱的,歌名是《没有你》("Without You")。我想找个人试唱一下,斯基柯小姐想到了你。你看怎么样?"

"好,我来试试。"

于是,埃尔维斯鼓足勇气,依照乐谱歌词小心翼翼哼唱起来,也许是初来乍到,过分紧张,不熟悉试唱,始终不尽如人意,效果欠佳。

"你喜欢唱什么?"经理准备打发他回去,不经意地说道。

这一问,埃尔维斯的劲儿来了,非常兴奋。不假思索、毫无保留地把自己平时爱唱的一股脑儿抖了出来。有福音的、乡村的、布鲁斯的、牛仔的。有的是完整的歌曲,有的有头无尾,有的有尾无头,有的无头无尾。

菲利普斯先生听后颇有感触。小伙子虽然唱得有些稚嫩、繁杂,甚至走调,但他的嗓音和激情与一般白人不一样,有些黑人味儿。他也许就是他本人寻觅多年而不得的那种类型的歌手。于是,分手前,他提议给埃尔维斯介绍一个乐手,给他伴奏,看是不是效果会好一些,并随即递上对方的名片。

此人名叫斯科蒂·穆尔,21岁,是乡村乐队"星光牛仔"的吉他手,也是萨姆的至交。他们志同道合,热衷创新。

次日下午,埃尔维斯登门造访。穆尔后来回忆说:"他进我家时,穿件粉红色衬衫,一条镶白长条的红色长裤,一双镂空花白皮鞋,留着鸭尾式发型。当时,我老婆一见这种打扮,真想从后门逃出去。"来客尽管衣着非同一般,但言谈举止却很谦和热忱。

当时,穆尔的邻舍好友比尔·布莱克也在场,他是低音电吉他手。于是,三个喜爱流行音乐的年轻人相聚了。同样的志趣、追求使他们觉得相见恨晚。临别时,三人约定次日去"太阳"试音。

这次试音后来演变为历时数月的持续排练,每天下午或晚间他们都抽空来,奏啊,唱啊,配啊,录啊,不断摸索,不断追求,但结果基本上都不令人满意。

有一次,在斯科蒂和比尔的伴奏下,埃尔维斯随意唱了一首布鲁斯歌曲。待在隔壁录音室的萨姆听到后出来问道:"你们在唱什么?""再来一遍。"

此曲名叫《没事儿,妈妈》("That's All Right，Mama"),是"大男孩"阿瑟·克留达普谱写的一首蓝调老歌,但埃尔维斯唱得颇具特色,听起来不那么低沉郁闷,嗓音自然浑厚,吐字清晰悦耳,节奏鲜明,情真意切。

过后,萨姆很快将其灌制成唱片,因它听起来太像他心目中的那个黑白"混血儿"。

次日,他带着此唱片兴冲冲赶到本地一家广播电台,将它推荐给流行音乐节目主持人杜威·菲利普斯。此人听后也很欣赏,答应在当晚的音乐节目中予以播放。

埃尔维斯得知此事后却非常紧张,临近播放此曲时,他竟不敢跟妈妈坐在收音机旁收听,独自跑到邻近一家电影院去"避难"了。

《没事儿,妈妈》播出后听众反应非常热烈。打到电台办公室的电话接连不断,问该歌手姓甚名谁,说这曲调太动人了。

杜威得悉情况后不久,就与埃尔维斯家通话告之。这时,朴实而善良的母亲高兴得不得了,连忙赶到电影院去找儿子。

这天晚间节目结束之前,杜威把埃尔维斯请到了演播室,宣称将对这位新歌手进行首次采访。当时站在场外的众多电台工作人员和歌迷以为又出了一位黑人布鲁斯高手,都驻足翘首期待着。最后展现在众人眼前的却是一位英俊的白人小伙子。于是,人们立刻报以热烈掌声。

这天是1954年7月7日。7月4日刚过两天,这年的国庆节,非同一般,竟给埃尔维斯带来如此好运,使他一鸣惊人。

"山猫"旋风

1954年7月19日,埃尔维斯的首张唱片由"太阳唱片公司"制作、销售,很快成为市场上的抢手货。月底,《没事儿,妈妈》登上了孟菲斯乡村音乐排行榜,位列第三。

7月30日,孟菲斯市举行年度音乐狂欢节,会场定在市立公园的露天舞台。这是美国南方著名歌手、音乐工作者和爱好者的一次盛会。埃尔维斯也在被邀请之列。

当埃尔维斯及其伙伴吉他手斯科蒂·穆尔和贝斯手比尔·布莱克这三人小乐队上台时,他们被眼前的场面惊呆了,周围这么多观众、彩旗、音响。埃尔维斯初次登台,更显怯场,顿时紧张得像只家猫,瞪着眼睛,纹丝不动。多亏司仪的报幕和伙伴的琴声,他才从迷惘中醒悟过来。

演唱开始时,埃尔维斯显得很拘束,一动不动地站立着,一本正经地唱着一首老歌。唱着唱着,他逐渐找到了感觉,进入了角色。随着节拍的转换,情调的激昂,他又唱又弹,肢体边摆动边摇晃。粗犷而婉转的嗓音,既快又强的伴奏,边唱边扭的风格,使在场的数千名观众目瞪口呆,惊讶不已。一曲终了,掌声雷动。应观众再三要求,三人又献唱两曲。加演的部分,在掌声、欢呼声的催化之下,其效果比首曲有过之而无不及:歌声更激昂,节奏更疾强,动作更狂放。两曲演唱完毕,欢呼声震耳欲聋,观众如醉似狂。谢幕后走到后台时,埃尔维斯问斯科蒂:"观众干嘛直尖叫?""你的腿,不! 是你屁股扭得真带劲儿。"

次日,本地大小报纸连篇累牍报道、评述了这次音乐会的盛况。有人赞誉埃尔维斯为"神奇的男孩""奇才""能歌善舞的司机"。但也有人戏称他是"山猫"(Hillbilly cat),上台时紧张得像只南部山区来的呆猫,后来演唱得意时嘶叫、扭动得像只疯猫。"奇才"也好,"山猫"也罢,他毕竟声名鹊起,倍感振奋。再说,音乐会的主持人鲍勃·尼尔先生对他的演唱还是赏识的,甚至有意将他推荐到主流乐坛。

初次公演就获得热烈的欢迎甚至轰动的效果,这给埃尔维斯鼓了气,壮了胆,想接着干,继续唱。在过后的一个多月里,他们这支三人小乐队正式起步,开始到各地巡回演出。先去本州几个中等城镇,后来远征其他几个州,其中包括路易斯安那、得克萨斯、阿肯色、佐治亚和弗吉尼亚。所到之处,掌声不断,反响强烈,有人欢呼,有人惊诧,有人唾骂。

当时全美广播系统中,有两个音乐节目最负盛名,影响最大,一个为《大奥利·奥普利》(*The Grand Ole Opry*),是纳什维尔 WSM 电台推出的乡村音乐总汇,另一个为《路易斯安那之旅》(*Louisiana Hayride*),是路易斯安那州什里夫波特市广播电台播放的流行音乐集锦。

1954 年 9 月里的一天,埃尔维斯及其左右手斯科蒂和比尔应邀去州府纳什维尔参加一期《大奥利·奥普利》的演出。首次来音乐城大电台亮相,三人不敢怠慢,在弹、唱、舞各方面可以说都拿出了看家本领,尽显十八般武艺。演毕时,埃尔维斯已汗如雨下。站在身旁的节目主持人吉米·丹尼却对他冷冰冰地说:"往后你别再唱了,还是回去开车吧。"显然,丹尼先生的爱好很正统,个性很坚强,不吃毛头小伙子喧闹花哨的那一套。

10 月初,"山猫"应邀参加《路易斯安那之旅》。这次演出的内容和形式与上月那一次完全一样,但反响与上次截然不同。《没事儿,妈妈》《肯塔基的蓝月》等名曲备受赞扬。

这次演出后,电台主管霍勒斯·洛根先生与他们签了一份合同,每周末晚间来表演一次,直至年底。这儿的定期演出,其他许多地方的巡回表演,再加上不断为"太阳"排练新歌,灌制唱片,埃尔维斯真是忙得团团转,不过,财源也滚滚而来。这年11月,埃尔维斯身份突变,由车夫变成车主,有人专门给他开车到处献艺,美国南方顿时刮起一阵"山猫"旋风。

精明经纪

1955年5月埃尔维斯应邀参加汉克·斯诺音乐会的演出。汉克·斯诺是当时知名的乡村歌曲演唱家。这次活动对埃尔维斯以后的演唱生涯产生了极其深远的影响。这影响不是来自汉克·斯诺本人,也不是他的音乐,而是来自一个素昧平生的人及其谋略。

这人是谁?他有什么雄才大略?

汤姆·帕克上校,此人当时是汉克·斯诺的经纪人,光头闪闪,大腹便便,工于心计,善于理财。

他自称上校,使人感到蹊跷,据说此人从未入过军界,更没获得过一官半职。但他却信誓旦旦地说这头衔是田纳西州州长克莱门特亲自授予的。

且不论这是真是假,但以下则完全是事实。1909年他生于荷兰一个小镇,1929年偷渡进入美国。30年代,他混迹于南方城镇的游乐场所与集市,曾为"小马戏团""雏鸡舞团"摇旗呐喊、招徕生意,也在地方出版社当过推销员。40年代,他进入演艺界,摇身一变,成为乡村歌手埃迪·阿诺德的经纪人。1951年改换门庭,开始为汉克·斯诺张罗一切。1954年下半年,当埃尔维斯声名鹊起之时,他开始悄悄注意这位19岁的后起之秀。这次音乐会上能当面与埃尔维斯结识,亲睹"山猫"的风采,感受观众的痴迷,他便认真思考起来,机会来了。

这次音乐会过后不久,埃尔维斯去佛罗里达州的杰克逊维尔市进行巡回演出。他这次的激情表演,也引起热烈的反响。不过事先没预料到会如此热烈。在他又弹又唱、边舞边扭的时候,台下欢呼声、尖叫声持续不断,一浪高过一浪,年轻观众——特别是少女——简直如醉似狂。演出结束谢幕时,他戏言邀请少女们到后台来相见。这玩笑无疑开到自己头上。她们真倾巢出动,尖叫着直扑后台而来。他见势不妙,逃之夭夭,在登上汽车之前,却被一把抓住,拽回人群。左边猛拉,右边硬扯,不一会儿,他身上只剩一条三角裤衩。他这次被"劫持",事后吓坏了他的妈妈,震惊了媒体,但乐坏了上校。汤姆·帕克从中看到了一位吸引力极强的耀眼明星,立刻意识到这是不可多得的大商机。于是,他灵机一动,计上心来。

他首先设法笼络埃尔维斯本人,说"自己在演艺界是著名的中介人,多年来给许多歌手、明星订了许多演出合同,给他们赚了许多钱"。后来,又登门拜访两位老人,说:"你们二老真幸运,生养了一个这样能干的儿子。他有一百万美元价值的天赋,我就会把它变成一百万美元。"

上校在吹捧他们一家人的同时,也表明了自己的门路广、热心肠。埃尔维斯及其父母很快被他的甜言蜜语所迷惑,以致 1955 年秋季起,就把上校当作"特别顾问"。1956 年 3 月 15 日,汤姆·帕克上校正式成为埃尔维斯的经纪人。

此后,汤姆·帕克上校一直是埃尔维斯的代言人、总经理、策划、总揽一切业务,当然包括财务。他提出并被应允的佣金是埃尔维斯收入的四分之一。上校后来 20 多年实际所得只有他自己心里有数,从他春风得意、脑满肠肥的样子可以看出,他从中捞到的油水相当可观。事实上,他自己不久也成为百万富翁。

1955 年秋,汤姆·帕克上校实际上是"脚踩两条船"——表面上仍是汉克·斯诺的经纪人,私底下却是埃尔维斯的顾问,重心在后者。

上校独具慧眼,断然把宝押在埃尔维斯身上。不过,他也看出,这位新东家的事业才刚起步,要发展、开拓的项目还很多。于是,他就帮着出谋划策。

首先,埃尔维斯的演唱形式必须继续创新,超越传统的乡村音乐和布鲁斯,其风格必须独具诱惑力。演出的范围要扩展,要走出南方故土,进入全国各大城市。不过,当务之急是将埃尔维斯新颖而动人的歌声好好推销出去,使更多美国人听到它、欣赏它、迷恋它。

当时,推广音乐的主要手段是发行唱片。于是,上校就主动与美国最大的一家唱片公司 RCA(Radio Corporation of America)联系,洽谈有关制作、销售埃尔维斯歌曲唱片之事。RCA 实际上对此求之不得,毕竟也看得出这笔交易的潜在价值。RCA 在谈判中压价时,上校立刻亮出"杀手锏",说哥伦比亚广播公司和大西洋唱片公司都在争着要出埃尔维斯的唱片,使 RCA 杀价不成,反被"要挟"。最后签订的合同基本上是按上校提出的条件制定的。为了"通吃"埃尔维斯的所有歌,RCA 也从萨姆·菲利普斯处买下"太阳唱片公司"制作的埃尔维斯早期唱片的版权。

依据这次合同以及早期唱片版权的转让协议,RCA 付给埃尔维斯约 4 万美元。这在当时可算是一笔数目不小的钱,对埃尔维斯一家而言,更是天文数字。这笔交易后来被历史证实是件一本万利的大买卖。在过后的二十多年里,这个合同给 RCA、埃尔维斯和汤姆·帕克上校带来的收益何止百万美元。

获此巨款,激动不已之余,埃尔维斯首先想到的是在生活道路上历经坎坷、在哺育儿子过程中历尽艰辛的双亲——特别是母亲,于是他立即给妈妈买了一辆粉红色的凯迪拉克。凯迪拉克是美国的名牌高档轿车,粉红色是埃尔维斯及其母亲最喜爱的颜色。这辆凯迪拉克是他们家里第一辆像样的私家车,也是最宝贵的一辆,它寄托了埃尔维斯对慈母无限的爱。他后来郑重宣称:"这辆粉红色凯迪拉克是无价之宝、传家之宝,将永远珍藏。"

激情摇摆

1956 年对埃尔维斯而言,是个人事业腾飞之年。新年伊始,机遇频传,一个接一个。

1 月 10 日,21 岁生日刚过两天,埃尔维斯就为 RCA 演唱录制了名曲《伤心旅店》("Heartbreak Hotel")。此曲是纳什维尔电台音乐节目主持人托米·德登与其友人阿克斯登女士联手为埃尔维斯创作的。歌曲源自一个真实而悲惨的故事——一个青年因失恋而孤独、悲痛、自杀。歌词悲愤凄惘,曲调忧伤激昂,充分显示了节奏布鲁斯的情调。这次伴奏的乐器,丰富多彩,除吉他、贝斯以外,还有钢琴、铜鼓。这使小乐队的节奏更强,音域更广,从而卓有成效地烘托了埃尔维斯那声情并茂的演唱风格。

RCA 这张唱片甫一问世,就在全国引起轰动,后来竟畅销百万张。3 月底,《伤心旅店》在乡村、布鲁斯、流行歌曲等许多排行榜上都名列第一。他的第一张 RCA 个人专辑《埃尔维斯·普雷斯利》不但唱红了《伤心旅店》,而且激发了年轻人对摇滚乐的狂热与痴迷。

1 月 28 日,埃尔维斯应哥伦比亚广播公司电视台——当时坐落在纽约市百老汇 50 号大厦内——的邀请,在多尔西兄弟主持的周末《舞台秀》(Stage Show)系列节目中,首次推出个人音乐会。《舞台秀》是一档电视综艺节目,由各种短小精悍的表演组合而成,演员服饰整饬高雅,演技潇洒自如,音乐优雅动听,风格朴实雅致,代表传统文化模式。然而,当埃尔维斯及其小乐队一登台,另类文化场景赫然入目。埃尔维斯华丽炫目的服饰、乌黑闪亮的鸭尾式发型、震耳欲聋的电声乐器及边弹边唱、边摇边扭的表演风格,使许多电视观众把他当作天外来客,有的人看得目瞪口呆,欲言又止;有人看得眉飞色舞,心花怒放;有人却咬牙切齿,火冒三丈。

这次演出,哥伦比亚公司方面很重视,特邀请当时流行音乐节目著名主持人比尔·兰德尔来做司仪,他简练而风趣的介绍给埃尔维斯及其演唱增色不少。

埃尔维斯在这次《舞台秀》献唱的歌曲中,有一首既新颖,又轰动,名为"Shake, Rattle and Roll"(摇,摆,滚)。此曲末尾的歌词"Flip, Flop and Fly"(挥,跪,飞),铿锵有力,合辙押韵,动感十足。此曲后来成为摇滚乐的经典金曲之一。

尽管有人对埃尔维斯的摇滚乐不欣赏,甚至很反感,但他们多系年长者,而许多中年人和青年人,特别是少女,却很喜欢。由于他的首次亮相给《舞台秀》带来空前的收视率和经济收益,哥伦比亚广播公司在接下来的两个月里又邀请他连续演唱5场,盛况空前。

1956年初春,当埃尔维斯在南部、西部一些城市忙于巡回演出的时候,汤姆·帕克上校在谋划远行,把"山猫"推向名城大舞台。这次,目标是内华达州的赌城拉斯维加斯。

经过一番紧锣密鼓的策划,4月23日,埃尔维斯在拉斯维加斯新开发区旅馆的游乐中心举行了首场音乐会。由于事先打广告,声势造得不赖——埃尔维斯被冠以"无与伦比的歌坛新秀",慕名而来的观众络绎不绝。但几天后,情况大大出乎预料,观众反应渐趋冷淡,上座率每况愈下。原先安排的为期四周的演出,最后不得不砍掉一半,令人沮丧。此时,老谋深算的江湖老把式汤姆·帕克上校也感到愕然,他刚推出的摇滚乐新星在号称全美游乐之都的拉斯维加斯居然闪耀不起来，真让人费解。憧憬的大买卖变成现实的大败笔，期盼的马到成功竟成眼下的马失前蹄。经过反思与分析，他才悟到症结所在。原来当时来拉斯维加斯游玩娱乐的主要群体是中产阶级的中老年人。他们思想比较保守，情趣有些狭隘，对这个小青年喧闹、狂野、粗犷的演唱风格不习惯，不买账，还为此奉送他一个绰号："埃尔维斯这人是骨盆"（Elvis the Pelvis）。Pelvis 英语原意是骨盆，指臀部、屁股，其发音与 Elvis 合辙押韵，二词连用妙极。这一谑称既形象又尖刻，把埃尔维斯边唱歌边扭屁股的表演风格刻画得入木三分，后来流传甚广，厌恶埃尔维斯的人很喜欢用此语挖苦他。

拉斯维加斯之行尽管不尽如人意，但也不是一无所获。一天，在旅馆的休闲厅喝咖啡时，埃尔维斯及其伙伴目睹弗雷迪·贝尔及贝尔男孩乐队以小号、铜鼓等乐器为伴奏演唱了《猎犬》（"Hound Dog"）。此曲曾于 1953 年由"大妈"索恩顿唱红过。显然，这次男孩乐队版本的《猎犬》在处理手法及演唱技巧上都比三年前索恩顿的版本更佳，令人回味无穷。

埃尔维斯这次在赌城舞台上的表演虽然虎头蛇尾、不了了之，但他在台下的这次观摩中却深受启发，琢磨出自己以后该如何演唱此曲。从这层意义上说，他不虚此行，有失有得。

1956 年 3 月底，在赌城之行以前，上校曾为埃尔维斯签订出场费为一万美元的两场演出协议,在电视节目《弥尔顿·伯利秀》(*The Milton Berle Show*)中亮相。弥尔顿·伯利曾于1929年在芝加哥首次推出其闭路电视节目,可谓美国电视界的开山鼻祖,并被称为"电视先生"。随着电视技术的发展和应用,1948年他全力开拓电视市场和业务,创办了其独特的秀场"特克色柯明星剧院",他本人后来被誉为美国电视喜剧大师。1955年9月,他心血来潮,求名心切,索性将此秀场冠以他的大名,不管是亲临主演,抑或是作壁上观。在影视界扬名逐利的游戏中,他可算一先锋。

这次,他就以《弥尔顿·伯利秀》之名盛情邀请埃尔维斯加盟演出,让此档节目借这闪亮的新星来大放异彩,从而大获钱财。

第一场演出于1956年4月3日晚上8时正式开始,埃尔维斯果然大放异彩,将他于年初刚刚推出的唱片名曲《伤心旅店》《摇,摆,滚》直接声情并茂献唱于电视荧屏,后来又另外增添了一曲新颖而动听的《蓝色麂皮鞋》("Blue Suede Shoes"),使全国千万观众及粉丝叫好不迭,声称不但听得过瘾,而且看得舒畅。

第二场演出于6月5日开演,更加轰动。埃尔维斯激情满怀地演唱《猎犬》,观众始而感到很新奇,继而很激动,他那强劲节拍和恣意扭摆似乎产生了磁性效应,撩动人们的激情,特别是那些花季少女,其中许多人最后竟尖叫着如狂潮般涌向舞台。

这次推出的另一首歌曲是《我想你,我要你,我爱你。》("I Want You, I Need You, I Love You"),埃尔维斯放声高歌此曲时,"乔丹小组"(The Jordanaires)男声四重唱首次为之伴唱,和声缭绕,声情并茂。极佳的效果从此促成他们长期合作。这一哀艳动人的情歌从此也让歌迷神魂颠倒。

次日,纽约几家大报首先做出反应,猛烈抨击这次电视秀场。有些人斥责埃尔维斯的舞台动作像跳脱衣舞一样不堪入目。《纽约时报》的撰稿人杰克·克尔德宣称:"普雷斯利先生毫无唱歌能耐可言。"而《纽约先驱论坛报》的约翰·克罗斯比说埃尔维斯"不学无术,粗野之极"。许多评论家撰文敦促全国的父母亲、宗教界人士以及家长、教师联合会共同谴责埃尔维斯及其摇滚乐,并说社会上的少年犯罪就是他和他的音乐导致的。

这些媒体评论使埃尔维斯感到茫然,甚至委屈。"我是南部山区土生土长的男孩,是没有受过专业训练。但我就是喜欢唱。我的演唱让观众乐起来,我也乐了,有时会忘乎所以,动作多起来,但要我唱歌时站着不动,那我办不到,要憋坏的,我可没想过这么演唱会带坏年轻人,别人身上出现毛病,怎能怪我?"埃尔维斯多次如此申辩。

尽管每次演出后，会有批评，甚至否定，但欢迎、肯定是主要方面，这是广大观众的常见反应。

　　有些电视制作者看起来道貌岸然，对埃尔维斯不屑一顾，但做起来又如何呢？史蒂文·艾伦先生就是这样一种人。这位演员出身的电视节目制作人原本看不上摇滚乐，可是目睹埃尔维斯为《弥尔顿·伯利秀》带来的高收视率后，他眼红了，坐不住了，屈尊求助于上校，请埃尔维斯于 7 月光临他的《史蒂文·艾伦秀》(*The Steve Allen Show*)演一场。

　　对于埃尔维斯这样一个有争议的人物，艾伦先生精心筹划了几招，不让他表演得太露骨、太性感。首先，要他演出时必须穿上全套礼服，系上蝴蝶领结——以此限制他演唱时的过火动作。另一招是在他唱《猎犬》之前，将一只货真价实的猎犬请上舞台，让它乖乖趴在一张高高的木凳上，头上戴着一顶礼帽，大模大样，煞有介事。埃尔维斯面对真猎犬唱《猎犬》，真新鲜，使人感慨万千。当他如诉似泣地对着它激情演唱，它却睁大眼睛，低垂双耳，爱理不理。埃尔维斯感到很别扭，很难受，演唱时他不能离开猎犬，不能任意扭动——生怕它反咬一口，还得一直忍受浓烈的狗臊气。埃尔维斯在这场演唱中所受的闷气，次日上午似乎得到一些排解，因他看到许多歌迷在全国广播公司的电视大厦门前示威，高举标语牌"我们要看扭摆的埃尔维斯""还我自由"。

这次秀场中埃尔维斯的才能虽没得到充分发挥，但他那洪亮激昂的歌声，配上那热烈奔放的节奏就够了。广大歌迷反而更喜欢他那独创一格的演唱。史蒂文·艾伦先生的这档电视节目的收视率从此直线上升，财源滚滚。

故乡之恋

过后不久，美国电视界的另一位名人也坐不住了。面对荧屏上的新亮点，他不能熟视无睹，充耳不闻。

此人名叫埃德·沙利文，原先是报界一位专栏作家，后涉足电视圈。《埃德·沙利文秀》(*The Ed Sullivan Show*)是当时全国资格最老、影响最大的综艺节目。仅仅几个星期以前，当别人提到埃尔维斯的火爆及其看涨的行情，沙利文先生不屑一顾，冷漠回应道："即便乐坛上没有歌手了，我也不会要他。"如今埃德·沙利文却盯着埃尔维斯不放，就是想要他。汤姆·帕克上校审时度势，不失时机地与此名流周旋，最后只答应给他演三场，酬金共 5 万美元。这次合同的单场收入是上次的三倍多。上校的精明，名不虚传。

前两场演唱会分别于 9 月 9 日和 10 月 28 日举行，通过纽约哥伦比亚广播公司的电视网播出。埃尔维斯不仅演唱了风靡一时的《伤心旅馆》《猎犬》，而且首次推出《别冷酷》（"Don't Be Cruel"）、《温柔地爱我》（"Love Me Tender"）等名曲。这些歌曲，特别是后两首，日后成了埃尔维斯的代表作，当时轰动全美。据统计，这两次音乐会的全国收视率都超过82％，也就是说，埃尔维斯的电视观众此时已经多达5400万人。就总体而言，其演唱风格依旧，而表现的方式，似乎更丰富了，他时而低沉哀吟，时而高昂欢唱；时而舒缓斯文，时而疾摇猛扭。台上热火朝天，台下如醉似狂。

第三场音乐会风云突变。主持人沙利文先生亲临现场告知上校，请埃尔维斯演唱时动作稍为收敛些，说有人对之持有异议，有审查人员到场，并告知这次电视拍摄的歌手形象不是全身的，不包括腰部以下。埃尔维斯得知后心里直冒火。因有约在先，他不好打退堂鼓，只好硬着头皮上台。面对欢腾狂呼的观众，他又忘我地投入劲歌热舞中去。他想，电视摄像机不是把他下半身给砍掉了么，但还有上半身。于是，他就开足马力，运气于胸腹之间，着力于腰部以上，边欢唱，边摇摆。这次摇摆扭动的重点已上调，双肩、双臂、双手、头部、颈部、肘部各显其能，一发不可收，再加上他那特有的迷人眼神和微笑，使在场的和荧屏前的观众大开眼界，叹为观止。

观众反响如此热烈，沙利文也眉开眼笑，顺水推舟、言不由衷地说了一句恭维话："我要对他本人和全国观众说，埃尔维斯·普雷斯利真是个敬业的好青年。"

埃尔维斯虽然是个爱演唱、喜闯荡的年轻人,但也是个重乡土、恋乡情的后生,时常怀念他难忘的孩提时代及故乡诱人的田园风光和淳朴而热情的图佩洛人。

1956 年秋,他的思乡情终于有了抒发的机会。9 月 26 日他应邀回到图佩洛(原来的东图佩洛小镇已于 1948 年并入图佩洛)参加密西西比—亚拉巴马洲际奶制品展销会的庆祝会。

11 年前,那个腼腆而爱唱的小男孩曾经站在这个广场的一张椅子上,对着一只无线电话筒,给大家演唱《老牧羊犬》。他那稚嫩动人的童声一直深深印在父老乡亲们的记忆中。如今,他已经长大成人,成为一颗冉冉升起、轰动全国的摇滚乐新星。

而今,站在同一广场的舞台上,面对足有一万两千之众的家乡父老、兄弟姐妹及新朋老友,埃尔维斯真是感慨万千,不禁想起那简陋而温暖的老屋,充满福音圣乐的教堂和诲人不倦的母校。游子返乡何以报答? 就以自己擅长的方式吧。

他在广场舞台上以及庆祝会上各演唱一场,呈献了自己得意之作,其中包括《没事儿,妈妈》《伤心旅店》《猎犬》等。在故乡为亲人演唱,没有任何拘束,他以赤子之心,纵情讴歌。

他美妙的嗓音、欢快的节奏、奔放的动作,震撼了整个广场,使乡亲们亲历了一次音乐盛会,体验到当代摇滚乐,感受到埃尔维斯的翩翩风采。

乡亲们非常感激游子给家乡带来的荣耀,使图佩洛这乡镇在全国地图上终于被标出。应乡亲们的一致要求,地方政府后来慎重宣布,每年9月26日为"埃尔维斯·普雷斯利日",是本地的特殊节日。1935年1月8日他出生的那间二室小屋后来被正式保留下来,粉刷一新,成为名人故居,供人瞻仰。

临别前,为感谢故乡的盛情款待,埃尔维斯慷慨解囊,献出一万美元,聊表寸心。

这次重归图佩洛使埃尔维斯终生难忘,正像名曲《重归苏莲托》使意大利人终生难忘一样。所不同的是,库尔蒂斯的名曲《重归苏莲托》是呼唤远方爱人返回故乡,而埃尔维斯的"重归图佩洛"则抒发了他对故乡、故乡对他的一片真情。

谈及《重归苏莲托》("Come Back to Sorrento"),爱好外国民歌的朋友会知道,它是意大利的名曲之一。此曲的国际知名度仅次于号称意大利"第二国歌"的《我的太阳》。《我的太阳》那脍炙人口的曲调,埃尔维斯没忘记加以利用翻新,唱红了他的《时不我待》("It's Now or Never")。《重归苏莲托》那优美动听的曲调,埃尔维斯也没有轻易放过,引领他唱响又一金曲《给予》("Surrender")。埃尔维斯这种择善而从的翻唱创新理念与实践,是一代歌王成功的秘诀之一。

闯荡影城

1956 年初,埃尔维斯在荧屏上演处子秀的时候,就被一位好莱坞大亨看上了。埃尔维斯眉清目秀,仪表堂堂,能弹会唱,动作奔放,非常了不起,引人注目,令人难忘。

这位大亨名叫哈尔·沃利斯,是个鼎鼎大名的电影制作人,曾为华纳影片公司效力多年,现为派拉蒙影片公司张罗业务。他随即设法联系了汤姆·帕克上校,几经周折,终于拟定择日进一步商谈。

1956 年 4 月 1 日,不知是不是愚人节的玩笑,埃尔维斯应约到好莱坞派拉蒙影片公司试镜。就个人外表而言,他自己是很有信心的,别人也看好;但其内在素质又如何,有演戏的能耐吗?他知道自己表演的能力远不如唱歌的天分那么高,但也不会太低吧。自己从小就是个影迷,高中课余打工的场所、最感兴趣的地方就是电影院。他想上银幕,当个好演员,就像玛丽莲·梦露早年所期盼的那样。但他一直没机会。这次,机会送上门,他凭借英俊的外貌、尚可的演技,最后被接受。

哈尔·沃利斯跟埃尔维斯签约时是代表派拉蒙的,可当时公司手头没有适合他演的剧本。于是就把他借给了二十世纪福克斯公司。该公司当时有一部美国内战片《雷诺兄弟》(*The Reno Brothers*)要拍,片中男配角尚未确定人选。埃尔维斯答应一试。于是,他闪亮登场。8月下旬该片正式开拍。

这部影片描绘了美国内战期间一户农民家庭的遭遇。埃尔维斯扮演两兄弟中的老二克林特·雷诺,他爱上并娶了哥哥的女友。后来,被认为在战火中牺牲了的哥哥意外安然返回家园,兄弟感情破裂,遂酿成家庭悲剧,在枪火对峙中弟弟克林特被击中身亡。

这部悲天悯人的影片有一主题曲《温柔地爱我》("Love Me Tender")。不论是在影片中,还是在专辑唱片中,埃尔维斯都激情满怀地表现了剧中人物的心声,将此曲唱得感天动地。

10 月 28 日,在《埃德·沙利文秀》的第二场演出中,埃尔维斯就声情并茂地演唱了这首新歌,赢得满堂彩。

1956 年 11 月 15 日,这部影片在纽约百老汇的"派拉蒙剧院"举行首映式,盛况空前,门前人山人海。为维持秩序,招揽生意,剧院特请来 35 位警卫,增添 20 个引座员。剧院正门上方耸立着一尊高约 50 英尺的埃尔维斯彩色画像,朝着观众莞尔而笑,魅力十足。影片在全国550家影院同时放映,场场爆满,轰动至极。不过,此时片名已不是《雷诺兄弟》,而是《温柔地爱我》。

埃尔维斯为自己首部影片隆重献映而欢欣鼓舞,但他妈妈却愁容满面,甚至流泪。她怎么也没想到,也不能容忍,宝贝儿子在影片中最后竟然死去了。

影片中埃尔维斯唱了下列4首歌曲:

1."We're Gonna Move"(我们将搬家)

2."Love Me Tender"(温柔地爱我)

3."Let Me"(让我来)

4."Poor Boy"(可怜的男孩)

《温柔地爱我》一炮打响后,埃尔维斯欣喜不已,哈尔·沃利斯心里也美滋滋的,"天才"毕竟是自己发现的。但美中不足的是,这次是为别人"做嫁衣",自己还未显身手。

现在,自己该露一手了。于是,在沃利斯先生策划下,由哈尔·坎特编剧、执导,埃尔维斯主演的影片于1957年1月21日开拍。片名仍在"爱"字上做文章,不过更动感,叫"爱着你"(Loving You)。影片主要描述歌星德基·里弗斯的崛起与发迹历程。

此片无原创剧本,亦非从小说改编而来,而是由上述制片人、编导精心策划，以一位歌星为原型制作。这歌星不是别人，正是埃尔维斯。这种"克隆"歌星事迹、自己演自己的模式，不能不说是好莱坞巨头对电影事业的巨大贡献。

既然沃利斯先生要他这么演，他又何乐而不为。把过去的自己找回来，把现在的自己放进去，不就行了。于是，他驾轻就熟地演示了他好动、喜听、爱唱的少年时代，他钻研、创新、腾飞的青年时期，他爱父母、重乡情、敬长辈的秉性以及他激情演唱时既受欢迎也遭抨击的现实。剧中人实际上就是他自己，无须装扮、试演，同样的低鬓发型和奇装异服，仍是那洪亮流畅的嗓音、激情奔放的弹唱和扭臀摆腰的动作。

《爱着你》不但让埃尔维斯表现了自己，而且也让他的一些至亲好友亮了相。他的父母和几个表亲在临近片尾的音乐会上是座上客，他的三个伴奏乐师在片中扮演一支西部乡村乐队，他的男声伴唱小组在银幕上也露了脸。这些即兴留影，日后却成为当事人珍贵的历史合照。

《爱着你》于1957年7月初拍完，当月9日在孟菲斯的湖滨剧院首映。埃尔维斯及其父母阖家前去观看，无比赞赏。7月30日，该片开始在全国放映，又轰动一时，"埃尔维斯热"变得更热了。许多少女看完此片后，竟不约而同地在影院里振臂高呼："埃尔维斯，我在爱着你。"

这部影片给埃尔维斯的演艺生涯带来三个第一：第一次

在影片中任主角;第一次拍彩色影片;第一次在戏中赢得女主角(珍纳·伦德扮演)的香吻。

影片的主题曲《爱着你》的唱片与影片是同步发行的,这不愧为经纪人帕克上校营销策略中的高招。

影片中埃尔维斯唱了下列 7 首歌曲:

1. "Got a Lot o' livin' to Do"(好好谋生)

2. "Let's Have a Party"(来开派对)

3. "Teddy Bear"(玩具熊)

4. "Hot Dog"(热狗)

5. "Loneaome Cowboy"(孤独的牛仔)

6. "Mean Woman Blues"(狂女布鲁斯)

7. "Loving You"(爱着你)

王者风范

随着歌声的远扬,埃尔维斯的收入不断增长。每当经济上有较大收获,他就筹划起居住条件的改善。1956 年初的一次乔迁,使他们全家安顿在奥杜本大街一幢环境优美、交通便利的较大住宅里。交通便利起初是优点,但后来变成缺点,最后成为不可忍受的"热点"。越来越多的歌迷得知此处后,对他穷追不舍。不论白天或夜晚,都会有人围着这栋房子,闹嚷嚷地要见埃尔维斯,请他签名,要他唱歌,不肯罢休,经常扰得家人和街坊不得安宁。

为摆脱骚扰、一劳永逸地解决安居问题,几经选择,埃尔维斯最后决定购置一处豪宅——格雷斯兰庄园。它地处孟菲斯市的白港郊区,占地 13.5 英亩(约合 546.4 公亩),内战期间是一家农庄,20 世纪 30 年代,由名医托马斯·穆尔重建后命名为格雷斯兰——Graceland。"Grace"具有优美、高雅之义,"land"此处指庭院、庄园。埃尔维斯对此庄园及其名称都喜欢,遂于 1957 年 3 月购入,当时共花去十万零二千五百美元。

庄元主楼只有二层,但有二十三个房间,五个卧室,全部用棕色石灰岩砌成。门厅两端矗立着四根高大的圆形石柱。周围是大片绿化带和场地。庄园周围是高高的砖石墙,正面有一对开的两扇大铁栅门。埃尔维斯一家人迁居此地前后对它进行过多次整修装饰,还扩建了接待室、宴会厅、游泳池、跑马场、健身房、音像室等配套设施。

格雷斯兰的变化其实也体现了埃尔维斯对亲情与友情的珍视。

埃尔维斯至亲的数量当时很可观,除双亲外,他还有祖父母,外祖父母,许多叔伯、姑婶、姨父姨母,以及更多的堂兄弟、表兄弟等。他们当中许多人，后来就是格雷斯兰的常客，祖父母、外祖父母、寡婶等人被邀请住进庄园。他的表亲与他来往更密，表兄弟们此后很快充当他的事业、生活的好帮手，有的甚至成为他的贴身保镖。

随着个人演唱事业的发展，埃尔维斯的朋友越来越多，聚会的次数日增，庄园的作用益大。众多的好友主要是事业的合伙人、乐师和伴唱者，但也包括后勤、保安人员。

谈及后勤和保安，这直接关系着他的生活与演出。这方面的感触他体会得愈来愈深。1955年一举成名后，他逐渐失去个人自由，常被歌迷包围，被少女们追逐。此外，有人扬言要绑架这个暴发户。有些男青年甚至要毁他容、置他于死地，因为他们的女友、情人变了心，痴迷地爱上埃尔维斯。

重安居、重亲情、重友谊是埃尔维斯固有的秉性，他精心营造格雷斯兰也就顺理成章了。

埃尔维斯的第三部电影也许是他演得最好的一部，当年它放映后获得许多影评家的肯定，时至今日仍得到史学家的赞许。影片首映于1957年10月17日。这天对埃尔维斯而言乃是双喜临门的好日子，但不是影片与其同名的主题曲唱片同日问世，而是超前发行的该片主题曲这天出现在全国流行歌曲排行榜的首位。片名、曲名同为《监狱摇滚》（"Jailhouse Rock"）。

这部影片虽有许多歌曲、舞蹈穿插其间,但其风格与以前的不一样。埃尔维斯在影片中扮演男主人公文斯·埃弗里特。这个脾气火暴的青年在一次冲突中失手杀人,被关进监狱。在狱中,他遇到一个知名的西部乡村歌手,并从此人那儿学会唱歌和弹奏吉他。服刑结束出狱后,他以动人的歌喉震撼乐坛,成为广受欢迎的歌手,后来邂逅并爱上唱片促销小姐佩吉·奥尔登,最后在事业及婚姻方面都如愿以偿。埃尔维斯这次扮演的是个叛逆者,一个改邪归正的人。人物的内心世界在歌舞演绎中得到抒发。主题曲《监狱摇滚》的歌舞场面及动作是埃尔维斯自己设计编排的,精彩生动,使人耳目一新,如今已成经典的摇滚场景。

此片并不是哈尔·沃利斯制作的,是埃尔维斯又一次被借用的产物。影片《监狱摇滚》的拍摄与发行由鼎鼎大名的米高梅电影制片公司完成。他们当初做梦也没想到,这部朴实无华、成本低廉的黑白片,日后会大放光彩,带来那么大的票房收益。埃尔维斯个人收益也颇丰,除 25 万美元的影片酬金外,后来还从该片纯利中得到 50% 的分成。

影片中埃尔维斯唱了下列 6 首歌曲:

1. "Young and Beautiful"(年轻而美丽)

2. "I Want to Be Free"(我要自由)

3. "Don't Leave Me Now"(现在别离开我)

4. "Treat Me Nice"（待我好些）

5. "Jailhouse Rock"（监狱摇滚）

6. "Baby，I Don't Care"（宝贝，我不在乎）

　　他的第四部电影《克里奥尔王》（*King Greole*）则回到派拉蒙公司，由哈尔·沃利斯策划制作。这次的做法比较离奇，哈尔·沃利斯先廉价买下一本小说的使用权，然后将其改编成面目全非的电影剧本，不但作品的名称和主人公的名字改了，主角的职业与命运也变了，由一个穷困不得志的年轻拳击手变为一个嗓音独特、落拓不羁的摇滚乐歌手。这第四部电影与埃尔维斯的第二部电影如出一辙，制作商在因人设事、因势赢利而已。埃尔维斯在"克里奥尔王"夜总会内外演唱了11首摇滚乐曲，盛况空前，让派拉蒙公司又发了一笔财。

　　埃尔维斯在这部影片中的演技有明显长进，多亏名导演迈克尔·柯蒂兹指导有方，其他演员配合默契。影片《克里奥尔王》于1958年初开拍，同年7月2日全国公映，再次引起轰动。

　　影片中的11首歌曲如下：

1. "Crawfish"（大龙虾）

2. "Steadfest，Loyal and True"（坚定而忠诚）

3. "Lover Doll"（宝贝娃娃）

4. "Trouble"（烦恼）

5. "Dixieland Rock"（迪克西兰摇滚）

6. "Young Dreams"（年轻人的梦）

7. "New Orleams"（新奥尔良）

8. "Hard-headed Woman"（坚定的女人）

9. "King Crole"（克里奥尔王）

10. "Don't Ask Me Why"（不要问我为什么）

11. "As Long as I Have You"（只要我拥有你）

1954 年 7 月到 1958 年 7 月,从首张唱片《没事儿,妈妈》到第四部电影《克里奥尔王》,埃尔维斯在美国流行歌坛、演艺界青云直上,如日中天。他那时的知名度,整个美国只有一个人可与之相比,那就是总统艾森豪威尔。更有甚者,千千万万美国年轻一代干脆称他为王——摇滚之王（The King of Rock and Roll）。

戎 马 生 涯

（1958—1960）

晴天霹雳

　　1957年12月，正当《克里奥尔王》在紧锣密鼓准备拍摄之际，埃尔维斯接到孟菲斯征兵局送来的兵役应征卡。面对国家的召唤，他和双亲都没有规避，也没有犹豫，只要求暂缓两个月，待影片《克里奥尔王》拍好再去报到。征兵局查实后，允许他推迟到次年三月下旬再去报到。

　　1958年3月24日，埃尔维斯由双亲及友人陪同去阿肯色州的查菲要塞报到入伍。次日他接受了军纪的洗礼，首先，他独特的、标志性的"大包头"发型被剪削整治得面目全非。他无奈地抚摸被削平的脑袋的新闻照片是他投琴从戎的见证，也是他毕生影集中珍贵的一帧。

不久以后,他与其他新兵被转移到了得克萨斯州胡德要塞接受专门的军事训练。在陆军部队里,他是个普通一兵,并且甘愿如此。有关此事,曾有两段插曲。在他入伍前,美国海军陆战队和海军部都想吸收他当特种兵;入伍时,征兵局慕名提议他进军乐团任职。但埃尔维斯都一一谢绝了。他不想接受特殊待遇,高人一等。朴实的家教、仁慈的父母毕竟培养出谦顺的儿子。

军训要求虽然严格,但在生活方面还比较通融。士兵如家住军营附近,也可下班后回家住。于是,埃尔维斯设法在军营附近的基利恩小镇租了一套平房,把双亲都接过来。这是1958年5月初的新鲜事儿。

过后的两个月是埃尔维斯终生难忘的时光。他清晨去胡德要塞接受部队训练,严肃而认真,傍晚回到平房与父母团聚,欢快而满足。一面品尝妈妈亲手烹调的可口饭菜,一面诉说苛刻的教官和严明的军纪;一会儿聆听双亲的叮嘱,一会儿笑谈汤姆·帕克上校的生意经。

作为一个经纪人,帕克的确老练而精明。面对兵役的召唤和埃尔维斯的响应,上校表面不露微词,但心里直犯嘀咕。埃尔维斯的演艺事业刚刚兴旺起来,怎能半途而废。不能,决不能。在服役期间他虽不能演唱、拍电影,但他的歌声、形象决不能远离歌迷、影迷和公众。上校一直盘算着,他的点子可多哩。

在基利恩小镇阖家欢聚的时光,心里最感宽慰的是母亲格拉迪斯。儿子参军了,全家还能朝夕相处;儿子不唱歌、不拍电影了,可电台、电视里大量播放的仍是他的歌声和演出,电影院里经常放映的仍是他演的电影。尤其令她意想不到的是每隔几个星期还有他的新唱片、新专辑出版发行,每隔几天媒体或影院都有"埃尔维斯军营生活"的报道。更有甚者,在市场上突然兴起了新一轮的"埃尔维斯热",他的亲笔签名、俊俏的照片、性感的画像和浪漫的歌词居然铺天盖地般地套印在许多商品的封面、说明书或包装上,这个军营中的普通一兵,一时竟然成为家喻户晓、大红大紫的全美头号公众人物。

埃尔维斯的声名如此之大,当然带来滚滚财源,这使老实巴交、穷了大半辈子的父母开心至极。当得知这一切都是汤姆·帕克上校半年前所策划,按约实施所取得的,格拉迪斯尤为高兴,庆幸当初没看错人,同意儿子聘用了这样能干的经纪人。

1958 年 6 月底,正当她无后顾之忧时,忽感身体不适。她和丈夫不得不离开儿子,返回孟菲斯,住进一家教会医院。四天后,她被诊断为患有肝炎。8 月 11 日,她的病情急转直下。埃尔维斯获准休假后立即回家探望病榻上的慈母。见到朝思暮想的母亲时,他热泪盈眶,悲痛不已。老人家脸色惨白,精神恍惚。鉴于此,他与父亲在医院里昼夜轮流监护她。8月14日凌晨,噩耗传来,母亲撒手人寰,猝逝于心肌梗塞。

慈母过世给埃尔维斯造成的精神打击是巨大的,此后的岁月里,他始终未能从悲恸中解脱出来。他们母子间的感情非同一般,他是双胞胎中的硕果仅存者,是她的唯一希望。这么多年来,她无时无刻不在尽心呵护他。他长大成人后也很关心父母。他常自疚自责,没能代出生后随即夭折的胞兄照顾好妈妈。

尤其使他感到心痛的是,妈妈辛苦操劳了一辈子,日子刚刚好起来,儿子还未尽孝道,却突然永远离去。

与父亲一同安排好母亲的后事后,埃尔维斯随即如期返回军营。9月初,他被调到第三装甲师,该师是美国作为北大西洋公约组织成员派往西德驻扎的一支部队。9月26日,他在纽约港随部队乘军舰前往西德不来梅港,然后转赴驻扎地弗顿堡。

邂逅西德

埃尔维斯在西德服役期间表现不错。1958年11月下旬,他升为一等兵;1959年6月,又升一级;1960年初,他成为陆军中士。另外,他还数次受到表扬和嘉奖。在军营中,他谨小慎微,生活上保持低调,约束自己的行为举止,按军纪行事,各方面表现都不错。

在欧洲和美国,他的歌迷、影迷却想啥做啥,毫无顾忌,毫不约束。许多少女写信给埃尔维斯,或向他求爱,或索要信物,信件的数量大得惊人,每周超过一万封,其中许多信封上的收信人姓名和地址只写"埃尔维斯,西德"。

其实,在西德,1959 年夏季,埃尔维斯曾有一次艳遇,见到一个妩媚动人的少女。这位漂亮的女孩叫普里西拉·博利厄(Priscilla Beaulieu),当年 14 岁,是个美国女学生。她父亲约瑟夫·保罗·博利厄是美国驻西德威斯巴登的一位空军上尉。但是,约瑟夫不是她的亲生父亲。她的亲父詹姆斯·瓦格纳在第二次世界大战期间是一个海军上尉,1945 年死于一次空难,当时她只有 6 个月大。母亲安·博利厄后来与约瑟夫结婚,普里西拉遂成为这位空军上尉的继女。

威斯巴登空军基地离埃尔维斯服役的营地巴德纽黑姆不是很远,车程约 1 小时。埃尔维斯倘若仍在美国,没有到西德巴德纽黑姆,他遇见普里西拉的概率也许微乎其微,因她这几年总在军事基地附近生活,跟她当军官的继父从一个基地转到另一个基地。而普里西拉呢,虽说那时也像普通中学女生一样喜欢埃尔维斯的歌曲和形象,但远不如身边其他女同学那么入迷、了解。1959年下半年,她的朋友安杰拉得知她将随继父一家乔迁到西德威斯巴登,还嬉皮笑脸地告诉她:"你知道吗?埃尔维斯所在的部队就驻扎在西德的巴德纽黑姆。"后来,这同学又补充说:"我刚才看过地图,发现巴德纽黑姆就靠近威斯巴登。哎呀,要是我能去就好啦!"

威斯巴登原来是德国一个古老城市,那时是美国驻欧空军司令部的所在地。约瑟夫不久在城里找到一套公寓住房,将全家安顿好,同时也为普里西拉觅得一所新学校,使她走马灯式的转学历程又多一站。离他们家不远处有个"老鹰俱乐部",这是供驻德美军及军属休闲、娱乐之处,设有酒吧、餐厅、戏院、剧场等。普里西拉虽不是个交游很广的人,但平时下午放学以后,还是常来俱乐部坐坐,吃点点心,听听音乐或给国内的老同学、好朋友写封信什么的。

一天下午,普里西拉与继弟唐坐在餐厅点心部小憩闲聊,忽见一位20多岁的英俊男子朝自己走来。这人客气地自我介绍,说他名叫柯里·格兰特,并问她姓甚名谁。

"普里西拉·博利厄。"她说,心存疑虑,此人想做什么。

"你们是从美国来的吧。喜欢德国吗?喜欢不喜欢埃尔维斯·普雷斯利?"

"当然,"她笑着说,"谁不喜欢呢?"

"我是他的一个好朋友。我和妻子经常去他家拜访。哪天你有空,想不想跟我们一道去见见他?"

"想倒是想,但以后再说吧。"她犹豫不决。

"好的。我先给您一张名片,下次联系。再见。"格兰特先生欣然走开。

这次非同寻常的见面与邀请,让她感到意外,告诉父母后,他们也诧异。继父劝导她以后少与陌生人搭讪。

不知柯里如何得知她爸爸的姓名及住址,几天后他竟去博利厄上尉家里拜访,并且见到普里西拉。在交谈中,上尉得知客人也来自美国空军部队,而且其顶头上司自己也认识,这就不见外了,越聊越熟。最后,柯里说:"摇滚乐歌王埃尔维斯就在附近的巴德纽黑姆基地服兵役,其住所也不是很远,要是你们各位想去见见他,我可以下次开车来接送你们往返,给予照顾。"对客人的好意,上尉及其继女都表示感激,并送他到门口。

对柯里·格兰特的身份及其上司的了解使上尉放心了,不久他答应了女儿的要求,让格兰特夫妇来接她去看埃尔维斯唱歌。赴约的那天下午,当她考虑该穿什么出去见客时,可为难了。翻遍大小衣橱,不是或旧或过时,就是或小或破损。最后,她找出一套蓝白相间的海军式衣裙,配上白色鞋袜,穿上后照照镜子,还不错,显得活泼可爱,聊以自慰。

傍晚 7 点左右,格兰特先生开车来了,身边坐着他妩媚动人的太太卡罗尔·安克歇斯。在 50 多分钟的车程中，普里西拉与他们交谈不多，因她沉浸在无边的遐想中，埃尔维斯到底什么模样，人品如何，歌声真那么好听，晚会上有些什么人……汽车驶入巴德纽黑姆老城，却见狭长的街道上面铺着鹅卵石，两边房屋朴实无华，最后，在一栋三层高的楼前，缓缓停住。公寓门口竖着一块德文牌子，写的是："签名时间仅限傍晚 7 时至 8 时。"那时已过晚上 8 点，可是仍有一大群德国女孩在楼前等候。柯里说："这种情况经常出现，特别是天气好的时候。"

柯里引领普里西拉进入公寓时，迎面走来一个身材较高、头发灰白、态度和蔼的男士，原来是埃尔维斯的父亲弗农·普雷斯利。他满面笑容地把她带进一间客厅，里面高朋满座，歌声嘹亮。在欢笑的人群中，她还是一眼就认出埃尔维斯。他比电影里更年轻漂亮，留着美军发型，穿了一身便服——一件红色羊毛套衫及一条褐色宽松长裤。

这时，柯里引她走向晚会主人。埃尔维斯笑着站了起来："好啊，请来了什么客人？"

"这是普里西拉·博利厄小姐，就是我跟你谈到的那位。"柯里答应道。

"欢迎，欢迎，是位漂亮的小海军战士嘛。"埃尔维斯说着与她握了手。"嗨，我是埃尔维斯·普雷斯利，很高兴见到你。"

过后,格兰特说有事得走开。埃尔维斯请她坐在自己身边。

"听说你在上学,是吗?"他开口问道。

"是的。"

"读初中,还是高中?"

"9。"她有些不好意思,欲言又止。

"9什么?"

"9年级。"

"哦,个位数当中最高的年级,好样的。"

听他这么说,普里西拉也笑了。

他俩又闲聊了一会儿。过后他对她说,他要款待新朋老友啦,朝钢琴走去并坐下。客厅顿时鸦雀无声,众人凝视着他。

随着悠扬的琴声,埃尔维斯引吭高歌,先后唱了两首名曲《贫穷到富裕》及《你今晚寂寞吗?》。普里西拉平生第一次现场聆听歌王自弹自唱,这么婉转动听,简直令人陶醉。过后,他又与几个朋友合唱一曲《彩虹的没落》,歌声柔和缠绵,也博得阵阵掌声。在欣赏音乐的间隙,普里西拉环顾了客厅四周,墙上挂着几幅画像,差不多都是俊男靓女。其中有一张很显眼,走近一看,是布里吉特·巴道特的半裸全身像,袒胸露臂,红唇撅起,浓发蓬乱,极具挑逗性。普里西拉突然思忖,这是埃尔维斯对女人的情趣吗？她感到自己年幼无知,有些不合时宜。

她抬头一望,见埃尔维斯好像正一边唱,一边顾盼着她。他时而低吟,时而高唱,似乎着意引起她的注意。她不可能相信,摇滚乐歌王想打动她。

过了一会儿,他请她进厨房,将她介绍给他的祖母明妮·梅,老人家那时正站在炉边,炸烧一大锅咸肉,随即请她入席就座,"小海军"向他奶奶笑嘻嘻地表达谢意。

"长时间以来,你是我遇见的、从国内来的第一个女孩。"两人坐下后,埃尔维斯打开话匣,一面品尝夹着大块肉的三明治。"这一年半,我过得既紧张、热闹,也空闲、寂寞,很想念国内的一切。现阶段,美国年轻人在听谁的歌曲?"

"你在开玩笑吧!"普里西拉笑着说:"大家还是在听你的。"

"不大可能吧。听说费边和里基·纳尔逊两位歌手近来很活跃,唱片出得也不少。"

"他们的唱片哪有你的多。除了你早两年唱的,人们近来不是也听到几首新歌吗?"她说时语气颇肯定。

"是有几张新唱片出笼。大概5张吧。这多亏帕克上校事先的筹划,不然,听不到新鲜的曲调,老的又听腻,人们要把我忘记啦!"

"人们不会忘记你。啊,刚才我还听你唱哩,多动人。"

"我有些担心，明年服役期满回国时，不知公众喜不喜欢听我唱，欢不欢迎我上台表演。"埃尔维斯说时确实心存疑虑，离家两载，时过境迁，谁能料到有什么变化!?

这时，柯里·格兰特突然来到他们身旁，指着自己的手表。普里西拉惊了一下，时间过得真快。好像她刚到不久，才认识埃尔维斯，交谈几句话，时间就到了。她感到自己成了童话中的灰姑娘，一旦宵禁时刻来到，魔法就结束了。当她站起准备告辞时，埃尔维斯向柯里提出让客人再待一会儿，吃些点心，告诉她家里一声好了。柯里立即解释说："恐怕不行。博利厄上尉与我有约在先，必须在 12 点以前将小姐送回家。现在已经 11 点多啦，不可食言。现在不走，来不及怎么办?"挽留不成，埃尔维斯只好匆匆给贵宾"小海军"送行。

在返回威斯巴登的高速公路上，天气有些灰蒙蒙。柯里不敢将车开得过快，但也不敢开得太慢。这真难为他了。看他聚精会神地驾驶，不辞劳累地接送，她心里很是过意不去。午夜过后到家时，见双亲仍在等候，女儿表示歉意，并汇报了当晚见闻，说埃尔维斯是个正派人，了不起的歌星，很风趣好客，当晚过得很愉快。

翌日，在学校里上课时，普里西拉心不在焉，整天只想念埃尔维斯，回忆他跟自己说的每一句话，他唱的每一首歌，他显露的每一次眼神。

情窦初开

在接下去的几天,普里西拉是在期望、等待中度过的,好像悬在空中,无所依托。一天中午,她家里电话铃响了。柯里·格兰特打来的,他说埃尔维斯请他当天傍晚来接她过去,不知她有没有空,行不行。

"埃尔维斯要见我吗?有什么事儿?"

"见面聚会吧,像上次一样。"柯里回应得干脆。

"我得告诉爸妈,看看他们的意思。"

"好的,请代我们向你的双亲问好。"

父母得知他们又来邀请,开头不置可否,后来想想,勉强同意,但要她 12 点以前回到家,不能太迟。

第二次的聚会与前一次基本上差不多,同样的客厅,同样的亲友,同样的歌声,同样的款待,不同的是人数少了一些,奶奶做的点心更多、更精致。在闲聊说笑、欣赏歌曲、品尝夜宵之后,普里西拉望着埃尔维斯直笑,这时,他低声对她说:"我想跟你单独待一会儿,可以吗,普里西拉?"

"到哪里去?"她回应时,心里很疑惑。

"去楼上我房间里,好吗?"

"哦,有什么事?"

"看看我保存的东西。"

"噢,让我长见识,这想法不错。但我不熟悉这里,走多了会晕头转向的。"

"别担心,没什么好害怕的,西拉。"

听他叫自己西拉,她感到一丝温暖,好像亲友在呼唤他。他随即拉着她的手,朝楼梯走去。上楼经过走廊时,他忽然停住,似乎想到什么,说:"前面左手第二间是我的房间,正开着,你先进去,我到下面去有点儿事,马上就来。"话音刚落,他匆忙而去。

见他疾步下楼,她心里直嘀咕,怎么还没到地方,他自己就先溜掉了,有什么事呀?这是第一次单独与他在一起,又是他的房间。这合适吗?他为什么这样?他指望她什么,会对她提出什么要求?她顿时浮想联翩,不能自已。但她又想到这几天曾期盼什么,现在不是正在走向美梦,梦想快要成真了吗!哪有退缩的道理。

走进埃尔维斯的房间,她心里若有所失。这房间太普通了,朴实无华也许是优点,但对一个当代摇滚乐歌王来来说,这太寒酸了。在这个不算太宽敞的房间里,当中放了一张床,旁边两个床头柜,一个衣橱,一个写字台,几把靠背椅而已。桌上有几本书,一台电唱机,一堆唱片,衣橱里挂着军服,边上放着军靴,床头柜上堆着许多封信件。这么多封信,大概是国内外粉丝寄来的吧。有好几个信封上注明是阿妮塔(Anita)所寄。埃尔维斯在别人面前很少提到阿妮塔,但很多人都晓得她是他的情人。普里西拉当时手痒痒的,想拿两封拆开一看究竟,但又不敢伸手,生怕被逮个正着。

过了一会儿,埃尔维斯终于出现了。他进屋后,脱掉夹克衫,打开收音机,调好频率,然后坐在床上。

"西拉,你干嘛不到这儿来,坐在我身旁?"他笑着对她说,见她不好意思,没有挪动,就主动走到她面前。

"我真心喜欢你,普里西拉。你与众不同,非常可爱。跟家乡来的人谈谈心,真惬意。我好久没这种感觉了。"他骤然激动起来,推心置腹。

对于这突如其来的表白,普里西拉既感动,又为难,毕竟还不太了解他的人品。于是,她跟他回到床边,双双坐下。埃尔维斯接着说:"我们虽然只见了两次,但你的友谊对我至关重要,生活中少不了。"

"你将我当作朋友,我当然感到荣幸。谢谢你的关照。"

"现在已是10月,再过半年我将如期退伍,返回美国。但愿快些实现。也希望你爸能调回国内。"说着,他靠近她,握住她的手。

"要是妈妈活到现在,能看到你,该有多好!"他悄声说道,她深受感动。他母亲格拉迪斯去年过世的消息她在报纸上也读到过，他们母子情深、相依为命的故事，她也听说过。如今，他却这样提到自己，普里西拉感触尤深。

"假如妈妈也在这里，她一定会像我一样喜欢你。"他说时情不自禁，紧紧抱住她，她也依偎着他。

说到母亲，埃尔维斯真有许多心里话要吐露。妈妈突然去世，他自己的日子不知如何过了，生活乱了套一样，见不到人，通不了话，受到的打击太大。过去，他与妈妈似乎一直保持情绪感应。记得有一次，他开车外出时，汽车骤然起火，狂烧起来，亏他身手矫健，逃过一劫。但就在同时，在家里睡觉的母亲，突然惊醒，坐了起来，大呼："埃尔维斯!"吓出一身冷汗。他还告诉普里西拉，妈妈曾多次说，每当他到外地巡回表演迟迟不归，她总是牵肠挂肚，假如不来电话报平安，她会彻夜失眠。

在谈了不幸丧母的伤心事之后，他又提到一件他不遂意的事儿。这就是迪伊·斯坦利的出现。母亲格拉迪斯刚逝世不久，父亲弗农就在西德遇见一个中年妇女迪伊·斯坦利，并很快打得火热。这个金发碧眼、稍有姿色的女子当时已有3个孩子，与丈夫分居，正闹离婚，同时迫不及待地盯上了埃尔维斯的爸爸。弗农似乎也求之不得，两人很快如胶似漆，谈婚论嫁。说到这里，埃尔维斯紧握着她的手。

"当时想到爸爸要找个这样的女人来取代母亲,这么快就把她带到我家,我怎么受得了!"普里西拉听了很受触动,也抚摸着他的手。

"再说,我怀疑这女人别有用心,老爸以后可能人财两空。"他说此话时,语气很肯定,虽然用了"怀疑""可能"两个词。

"后来,他们办喜事时,我没到场,也没去新房祝贺。我请爸爸原谅,说我在巡回演出,没空来。"

在他们第二次相聚闲聊中,埃尔维斯竟这样不见外,向她诉说了自己的不幸和苦恼,他在公众看来是欢歌热舞的化身,其内心竟这样痛苦。她在同情、伤感的同时,也被他的信任、真诚打动。

他们的重聚似乎与首次会面结束得同样快,该分手的时刻到了。告别的瞬间,埃尔维斯情不自禁地吻了她,这是她初次体验的深情一吻,情愫由此萌芽。

两人约会了三次以后,空军上尉对继女提出:"假如你要继续见埃尔维斯,我们得先会会他。"对子女管束一向较严的父母觉得对她已放宽要求了,但不能老这样下去,埃尔维斯的人影都没见过一次。

一天傍晚,她与他通话时说:"埃尔维斯,我爸妈要会会你,他们说,下次要我来,你得来接我。"

"你是什么意思?"他一时摸不着头脑,顿时激动起来。

"我的意思是,"她回话时有些紧张,"除非你来会会我父母,不然我就不能来见你。"

"哦,好的,我能跟老爸一道来。"

为迎接他们父子来访,普里西拉在约定时间的前两小时就开始准备,帮妈妈整理房间,组织弟妹出游,自己梳洗打扮,播放埃尔维斯的唱片——其中包括家中第一张埃尔维斯的唱片,那是1956年的一天下午她爸在国内出于好奇、排长队购得的《蓝色麂皮鞋》。她爸妈平时休闲时,也喜欢欣赏各种音乐。

约定的时间快到了,可父子两人还没来。此时,上尉对长女说,唱片不要再放了,准备等一会儿听他本人的。

大约半小时过后,透过门窗,他突然看到一辆宝马车驶到门前,接着,埃尔维斯和他父亲下了车。他本人一身军装,衣冠齐整,帅气十足,老爸也很挺拔,风采依旧。

她立即赶出去相迎。埃尔维斯脱下军帽,亲了亲她的面颊。她请他们父子进屋,步入客厅。

"对不起,我们迟到了。可是,我得整理行头,路上又有些耽误,还有,这地方不大好找。"埃尔维斯为自己姗姗来迟而抱歉,其实普里西拉已耳闻他上路前经常磨磨蹭蹭。

弗农坐在沙发上,埃尔维斯指着墙上挂的照片说:"爸,看这儿,这张好像是她们的全家福。普里西拉看起来很像她的妈妈。""嗯,很像。"弗农应道。

这时,博利厄夫妇步入客厅。

父子两人立刻起身。埃尔维斯走向主人,伸出右手,自我介绍道:"我是埃尔维斯·普雷斯利,这是我父亲弗农。"

接着,普里西拉对这两位客人说:"这是我的父亲和母亲,他们一直等着你们。"

"对不起,我们迟到了,博利厄先生,路上耽误了一会儿。"埃尔维斯立即致歉,看来态度还很诚恳。

过后,在闲聊中上尉问他最近在忙些什么。

"今天白天我去卡瑟恩值了一天勤,是军务轮班。"

"如今,你们属于哪个部队?"

"我在巴德诺海姆的第 4 装甲师,先生。"

"天气最近冷起来了,还适应吗?"

"有些考验。晚上感觉很冷,我得防备扁桃体炎,这对我的嗓音有影响。"

"是要注意保暖。有时工作之后热起来,不能脱掉过多的衣服。"

"谢谢您的提醒。"

"我猜,你在期待返回故乡吧?"

"是的,先生,我还有 5 个多月就服役到期了。您在这里工作愉快吗?"

"是的,很高兴。我计划在这儿待三年,然后回国。"

"到时我一定来迎接你们。"埃尔维斯和蔼地笑着说。

"好的,谢谢。"

寒暄至此,二老对埃尔维斯的印象还好,外表确实英俊,举止还文雅,但有些腼腆,不太自然,也许是大家初次见面,陌生所致吧。但是,上尉夫人还有另外的感触,觉得他一点不粗野,文质彬彬,像个有教养的人,他父亲看起来也蛮老实。总之,他不像是报纸上宣扬的那种狂野的摇滚乐歌星。

稍后,上尉请他们父子留下共进晚餐,但埃尔维斯婉言谢绝,说时间来不及了,等一会儿有事要赶回去。于是,言归正传的时机到了。

"埃尔维斯,以后如果你要约普里西拉到你们那里去游玩,还是你来往接送吧,请人家代劳可不大好。你说是不是?"上尉抓紧时间,开门见山地提出。

"您说得对,但是,我来不及啊。下班后,我要走回家,搞搞个人卫生,换换衣服,吃点什么,再开车过来,恐怕要八九点了。至于送她回来,我也想啊,但我第二天早晨得准时上班,不能拖得太晚。"

博利厄先生沉思起来,埃尔维斯所言不无道理,时间方面确实很紧张,似乎真来不及。但是……

"看来你在时间上是有困难,可是,让我们面对现实,我问一个问题,在美国和西德有很多女孩喜欢你、追逐你,你干吗非要来找我们小西拉呢?"

埃尔维斯和弗农被问得哑口无言,一时难以作答。两人坐在沙发上显得有些不自在,边稍做挪动,边认真思索。

"啊,上尉先生,我正好很喜欢您的女儿。她比她的年龄成熟许多,我爱跟她在一起。我想,我这样做很自然,离开故乡和朋友这么远,我感到很孤独。我在德国见到我最喜欢的美国姑娘,也是一种缘分吧。我不会放弃机会。请不必担心什么,先生,我一定会很好照顾她,请放心。"

埃尔维斯一口气说了这么多,听起来也情真意切,倒使她的父母为难了。这时,他们父子两人在交头接耳,低声商讨着什么。

"这样吧,上尉先生,您看好不好?我估计,要我来接普里西拉,实在来不及,我想请我爸代替我,他如没有空,我再另请一个可靠的人。但是,每次她回家,我一定亲自陪伴,您看行吗?"

上尉夫妇又看了一会儿埃尔维斯,觉得他的态度还诚恳,似乎真有难处,不能两全。"好吧,就这么办,但午夜前你必须把西拉准时送回来。"上尉补充说。

听了这席话,普里西拉心里很高兴,很激动,笑逐颜开,走上前去,握着埃尔维斯的手。他这么做正是她所期盼的。

"我还有一小时的路要走,只好先告辞了,先生。"

"好,再见,一路顺风。"

一家人把客人送出大门时,相互亲切握手,开车前,父子两人也乐滋滋地挥手告别。

推心置腹

白天与埃尔维斯分开,普里西拉总在想他,不但在家里想,在学校里也想,上课时不知老师在讲什么,脑子好像在梦游。

他的电话经常打来,但往往是傍晚 7 点左右,说 8 点来接。她顿时紧张起来,草草吃完晚饭,洗漱打扮,换套衣衫。最头疼、最花时间的就是这翻箱倒柜的历程。使尽全身力气也找不到一件称心如意的见客衣装,不是嫌小的连衣裙,就是脱线的羊毛套衫。最后只好觅一件妈妈过去穿过的时装,套上还算合身。最使她满意的是,穿上这件衣服后,自己不像14 岁了,稍显成熟。

来接她去的人的确是两位中的其中一位,父亲弗农或朋友拉马尔·菲克,他们是埃尔维斯最亲近的人,谁有空谁开车去接。但是,有一天傍晚时分,这两人外出未归,约好去接她也不能变卦,埃尔维斯只好请有空的朋友库尔特去代劳。这人没有推辞,问清路线,与普里西拉通过电话,随即开车出发。

坐上汽车前排右侧,在去威斯巴登的路上,普里西拉觉得有些疲惫,就靠在位子上打起盹儿。不一会儿,车身颠簸得很,她睁开双眼。

"怎么搞的?"她吃惊地问。

"不知道,小姐。"

稍后,汽车不再抖动了。可是,向外望去,周围一片漆黑,只有远处有灯光。她顿时慌起来,嚷道:"怎么一回事?"

这时,司机停了车,熄了火。

她再次发问,这人仍不做声。他突然转过身,抓住她,试图强吻她。她用力把他推开,拼命挣脱,却被他摔到车门旁。

惊恐中,她大声叫道:"你要对我负责的!"同时一脚踢开车门,转身用头顶着他,一手按响喇叭,一手扭开车灯,立刻挣扎开,下了车。

她怒斥他的无礼之后,拉开汽车后门,严辞厉声地说道:"你还得把我送到埃尔维斯身边,将功赎罪!"

这一下,库尔特怔住了,只好应诺,于是她又上了车,坐到后排,关上车门。这之后,她仍然心有余悸,甚至暗自啜泣。

还好,这小子过后开窍了,不敢再犯。

这件荒唐事过后的几天中,普里西拉的情绪一直不好,心里甚至责怪埃尔维斯,怎么托这种朋友来开车。过后,她以学校期中测验为借口,婉言谢绝了他的两次邀约。

这以后的第三次,是他爸爸弗农来接的,她才安心。

两人见面后,埃尔维斯亲她面颊时,悄声问:"近来还好吗?"

"身体还好,但遇到一件倒霉事!"

"什么事? 快些告诉我,西拉。"

于是,她把那天晚上库尔特在汽车上动手动脚图谋不轨的事述说了一遍。

"哎呀,这家伙竟然这么无理! 我要揍死他!"他一边吼着,一边在房里来回走,跺着脚,恨不得踩死这家伙。见他如此恼火,如此保护她,她宽慰许多。然而,思忖过后,她却劝慰他,切不可张扬出去,不能让爹妈知晓此事,不然他们再不会让她出来见他。

经过此事,埃尔维斯领会到该如何保护她。此后,两个人的感情,随着他们的成长与日俱增。另外,除了他爸,还有一个人平时对西拉也很关爱,就是他的祖母明妮·梅·普雷斯利。

自从1935年初埃尔维斯呱呱坠地,明妮奶奶就来到弗农家里帮忙照顾幼孙,格拉迪斯出外打工那两年,老祖母单独带他更辛苦。这一年半,在西德,他们这个家也多亏奶奶协助操持,才得以安稳,父子两人在生活方面才得到很好的照应。这些日子以来,因经常来埃尔维斯这里,普里西拉与明妮奶奶接触的机会多了,了解的情况也多了。

奶奶是个个性很坚强的人,她的身体也像她的心理一样健康。她曾生养过 5 个孩子,弗农排行老二,丈夫后来不顾家室,她独自支撑这个家,把儿女都拉扯大。她心地善良,为人厚道,特别喜欢孙子埃尔维斯,他能说会唱,活泼可爱。她溺爱幼孙,不拘小节,让他随意玩耍,有一件事已过去多年,她却记忆犹新,埃尔维斯小时候经常听到爷爷跟奶奶说:"哎,明妮,给我拿吃的来。"他听多了,也学会了讲。有时候,他也饿了,对着祖母脱口说出:"哎,明妮,给我拿吃的来。"过后,老小回味一下,都笑了。小的觉得说着好玩,老的夸他真会模仿。有一次,他大概饥肠辘辘,对着奶奶又脱口而出这句话。当时,格拉迪斯正在儿子身旁,一见孙子这么对奶奶说话,顿时火冒三丈,训斥道:"你说什么,在跟谁讲话?!"随手拧了一记他的小耳朵,同时说道:"记住,往后这样讲,'奶奶,我想吃东西'。"

听了奶奶讲的这个故事,普里西拉觉得既好笑,又感动,妈妈对儿子要求真高。谈起格拉迪斯,祖母又补充了一些她的见闻,说这个妈妈对儿子真宝贝,吃穿就不讲了,乱吃少穿可不行,平时玩要不许过火,有些运动项目不准他参加。记得他妈有一次这样对她说:"埃尔维斯真好玩,特别是对橄榄球,我看这种球玩起来真粗野。"

"有比赛规则的吧?"当时奶奶自我安慰地回应。

"不知道。他们玩起来,又抢又踢,又抱又拉,又跑又拽,又滚又爬,打得不可开交,真吓人。"

"这倒是一种凶猛的比赛。"

"这样的比赛我可不愿让他参加,太危险,受伤流血可不行!"

"那我们叫他少玩些吧。"

"不行,不能让他再玩。不然我会心不安,晚上睡不着。"奶奶最后又说。

埃尔维斯见妈妈噙着眼泪劝他别再玩橄榄球,他很感动,答应不玩了。可是,背地里,他妈妈不在时,他有时还是忍不住去玩一会儿,但节制了许多,这是他后来如实向祖母"招供"的。

祖母多年来对埃尔维斯这样关爱,孙子对老人像对妈妈一样亲、一样真诚,普里西拉得知后很感动,同时也加深了对埃尔维斯的同情与爱慕。

随着两人的日常往来,普里西拉与埃尔维斯相互更了解,更钟情、更依恋。每次他们都感觉时间过得太快,两人真正独处的时间太短。这也许是由于埃尔维斯每晚都有来客造访，而他自己又那么好客。谈笑啊，吃喝啊，弹琴啊，唱歌啊，一会儿就快到11点，普里西拉深感时间珍贵。

有一天晚上，来访者不多，约有四五个人，他们似乎有先见之明，成人之美，在客厅里热闹了约一个小时就相继告退，过后再没来客人，于是两人手拉手上楼到埃尔维斯的房间小憩。刚进房门，他突然想起什么，说："哦，我得下去拿一瓶果汁。"

"快一点儿，别磨蹭。"

"不会的，放心。"

脱掉高跟鞋，揉了揉脚背，普里西拉就靠在床背上闭目养神，同时焦急地等待着。

这次他没耽搁，很快上来，拿着一瓶苹果汁，取出两只玻璃杯，随即斟满，自己提起一杯就喝，一干二净。

"怎么这样喝，像沙漠的来客一样。"

"是啊，久旱逢甘霖，来到了绿洲，来到了你的身旁。"

说着，他坐了下来，双手捧着她的面颊，轻轻亲吻，然后相互亲吻。

"埃尔维斯，你很讨人喜欢，我喜欢你。"

"为什么？"他佯装不知。

"你很孝顺妈妈，也听奶奶的话，不是吗？"

"当然,这还用说,她们对我太好了。但你为什么喜欢我?"

"我么?因为她们喜欢你,我才喜欢你。"

"嘿,你这小妞,等于没回答。"他左手握住她右臂,右手搔她痒。

"哎哟,住手,让我告诉你。"

"好吧,讲……讲呀!"

"说实在的,由于你长得好,唱得也好,还有……"

"还有什么?交代清楚。"他急于想知道。

"真要我讲,"她微笑着,欲言又止,但见他紧逼,终于又开口,"还有,你屁股扭得好。"这时,她放声大笑。

"怪不得当初我演唱时你们尖叫,离场时你们跟着穷追。可是,最近两年多我屁股老实了,不太扭动了,你还喜欢我吗?"

"也许不是这样,但是,我却爱你,我爱你。懂吗?"

"不明白,请表现一下。"于是,她扑向他,一对恋人紧抱狂吻。

在柔情蜜意的交织中,两人心扉继续敞开。

"你爱我吗?现在该你坦白。"普里西拉追问。

"是的,从心底深处。"

"有多深,挖挖看。"

"你是我心目中的纯情少女,美妙得很。"

"美在哪里?"她正想知道他对自己的评价。

"你的模样,挺好看。"

"讲具体些!"

"你的皮肤、眼睛和头发。"

"到底怎样? 再具体些。"

"白皙的皮肤,湛蓝的大眼睛和褐色的秀发,跟我的差不多。"

"怎么和你的差不多,你在美化自己,你的头发好像一直是黑色的。"普里西拉表示诧异。

"不是一直黑的,原来是褐色的,后来请人染黑的。上台演唱时,头发乌黑闪亮,舞台效果更好,更有吸引力嘛。"

"哦,你想得可真周到。刚才你说我们结识相好了,事情很美妙,并且把我的美也指出了,但妙在何处?"

"哈哈,你猜……"

"自己回答不出,还要我来说!"

"我心中当然有数。"

"快讲出来……怎么个妙?"

"好的。这妙体现在两方面,你和我。"

"先谈谈我吧,好不好?"她好奇地提出。

"好,你今年芳龄几何?"

"14 岁半呗。"

"妙!"埃尔维斯眉飞色舞起来,好像中了头彩。

"妙什么?"

"妙龄女郎。青春年少好比含苞待放的一枝花,你就是这样的花。"

"谢谢你如此比拟,你将怎么对待这支花呢?"她很想知道他今后如何打算,对自己是否真心。

"今后我将尽可能多地跟她在一起,好好照顾她,陪伴她一同成长,将她培养成我心目中最完美的花朵,永远属于我,我会永远和她在一起。"

"讲得真动听,开头说尽可能地跟我在一起,最后说永远和我在一起。希望这是你的心里话。不过,我的话不多,只有一句,我爱你,要嫁给你。"她说着竟然激动起来,不知不觉讲出了自己心里话。

"哈哈……"他大笑,高兴地搂住她,然后低声说:"现在不行,你太年轻,我的歌唱事业还没有重新开始,要做的事儿多着呢。"

"我不是急着要跟你结婚,是在表明我的心迹,也想看到你的心意,有没有?"

"当然有。不但有而且还……"他忽然停住,想保密。

"还什么?"

"还有计。"

"什么计?"

"妙计。刚才不是谈到你这方面的妙处是你的青春年少，你是个妙龄女郎，而我的妙处在于我的招数，我的妙计。"

"什么妙计？"

"保密。"

"不说就不说，我还不要听呢!"她有点儿生气了。

"你误会了。不是我不告诉你，是我要告诉你，我们的事儿不能让外人知道。我们的爱情要保密。现在保密! 以后回国也保密。"

"一直保下去吗？能保得住吗？老保密好吗？"

"到时候再说，我觉得可以公开再公开，看形势。"

"你这好像在做买卖，什么时候囤积，什么时候抛出，得看形势。"

"说得不错。这是帕克上校关照的，他说我的私生活要保密，这关系到我的吸引力和卖座率。"他说得这么郑重其事，她颇感意外。

"这个上校真能干，真会做生意，这个人你请得不错。"

"我请来的人，先后有很多，但只有两个人，我最满意。"

"哪两个？"

"一个是上校，另一个就是你。今天又请来了。"

"啊呀，现在几点啦？很晚了吧!"她刚才谈得入神，忘记了时间。

他看了一下手表，说："还好，11 点多一些。"他慢条斯理，胸有成竹，好像有把握在午夜光景前把她送到她父母面前。

依依惜别

夜晚到他家去玩，去聚会，白天到学校去上课，为时不长——几天，甚至一两个星期——问题不太大，但是，长此以往，问题就大了。

普里西拉的黑夜与白天这么惯性地运转近一个月时，她几乎经常感到头昏脑胀，特别是在教室上课时，靠在椅子背上，不一会儿脑子就梦游了，不知身在何处。转学而来的第一学期期中测验成绩稀里哗啦，历史、英语勉强通过，代数、德语不及格。期末成绩单上的总评等级是 D－。这实在不好向双亲交代，她几经思量，不能自已，贸然将 D－改为 B＋。她生怕严父对自己不满，到学校了解情况后不让她与埃尔维斯交往。

一天晚上，弗农接她来了以后，她却没看到埃尔维斯，别人说刚才有人约他去练空手道了。她在他房间里等啊等，后来竟躺在床上睡着了。他回来见她疲惫的样子，问道："西拉，怎么啦，你一天睡几小时？"

"大概4或5小时。不过，今天我很累，上午有个小测验。"

"你坐起来，等我一会儿。"他沉思了一会儿，向隔壁房间走去。

"这儿有一小瓶药，你试试看，会起作用的，"他手里拿着一瓶白色小药片，"它会帮你提神。白天没有精神，服用一片就行，这药很管用，试试吧。"

"这是什么药？"

"一时我还说不上来。这种药，是班长最初私自给我服用的。有一次，他见我值班时萎靡不振，生怕出事，叫我吃一片。过后，还真灵光，不再打盹儿了，精力充沛起来，好像换了一个人。"他在表明自己的经历。

"这是否有毒？吃了它是不是叫吸毒？"她有些怀疑。

"没有吧，不是吧。有一次，要整天搞军事演习，射击要求迅速而准确，精力不够不行。多亏服用了这种药片，我才过关。这就是它的好处。"他竟侃侃而谈，如数家珍。

最后，她收下这瓶药，说下次累的时候再用，现在听他讲了一大套，精神反而来了。这瓶药她拿回去后，稍微看了一下说明书，药名叫古旋苯异丙胺，具有解困提神之效。

1959年圣诞节快到了。这个一年一度最隆重的节日，人们都在盼望。正在热恋中的普里西拉更加翘首以待。其中最热闹、最有意义的活动也许是人们互赠礼物。她给情人埃尔维斯馈赠什么礼物呢?

她为此反复考虑,颇费周折。先得筹款,没钱就没戏。向爸妈伸手,他们手头也紧,只给她 35 美元,她不会、也来不及自己去赚钱,只好以此款为限。

节前两天的一个下午,虽然天寒地冻,但已转晴,踏着积雪,她来到人声鼎沸的威斯巴登闹市,沿着一条拥挤的街道,逐一观望浏览商店的橱窗,期盼能买到一件价廉物美的礼物送给埃尔维斯。面对琳琅满目的节日礼品,她当然只能注目那些小巧玲珑的。但小巧的似乎也不便宜,更何况她也没事先对他进行"侦察",没摸清底细,不知能否投其所好,即使买到自己满意的可能也是白搭。她一面盘算,一面犯愁。但是无论如何,不能空手而归,她得倾其所有,购买礼物,聊表心意,纵然不如人意。

在一家手工艺品商店里,她仔细观察着,想觅一件比较精致的小玩意儿。看到一个雪茄烟盒,她想到埃尔维斯有时抽雪茄,但好的烟盒好像没见过。凑近一瞧,这只烟盒是件瓷器,很精致,表面镌刻着彩色花纹图案,确实好看。一问售价,店主说 650 德国马克,即 155 美元。她苦笑一下,转身离店。

过了一会儿,她进入另一家商店,里面布满五光十色的玩具,包括一辆结实而美观的玩具火车。她想,这件艺术品放在他的起居室里蛮气派。然而,一问价钱,她吃了一惊,2000

马克。

在郁闷中,她往回走,很失望,但也不甘心。忽然,她发现一家音乐小商店,门外橱窗里放了许多小乐器,其中有一件很显眼的小手鼓,红漆牛皮面,用闪亮的黄铜箍着。其价格折合美元40块。

"对不起,35美元可以吗?我没有更多了。"她客气地还价。

"行啊,小姐,就这么定了。"

走出商店,她喜极而泣,终于购得一件小礼物,但心里仍无把握,不知埃尔维斯喜不喜欢,这件礼物似乎缺乏浪漫情趣。

圣诞前夕终于来临,20世纪50年代最后一个圣诞节给这对年轻人带来了好运。他们邂逅,相爱,第一次在一起欢度圣诞,互赠礼物。

这天晚上,埃尔维斯与普里西拉走出弗农房间后,就往他自己的起居室走去。进屋后,他紧紧抱住她,随即脱口而出:"圣诞快乐,西拉。"他凝视着她。

"圣诞快乐,埃尔维斯。"她发出会心的微笑。

"快把眼睛闭上,我要变戏法。"

"好的,看你能变出什么?"她边说边闭眼。

"行了,你看。"他从口袋里抽出一个小盒子,随即将它打开。

"哦,是只金表吧!"

"对,还有什么?"

"嘿,表盖上好像镶了一颗钻石,是吗?"

"是的,你眼光不错。"他停了片刻又说:"现在,还会再有什么?"

"不知道,看样子没有了。"

"看。"他张开另一只手,手心里放了一枚戒指,当中嵌有一颗珍珠,底盘镶了两粒钻石。

"啊,太漂亮了。多谢,多谢。"说着,她亲热地吻着他。

她第一次获得如此精美的礼物,真是感到喜出望外。接着,她自告奋勇地说道:"现在,该我献礼了。猜猜看,埃尔维斯!"

"哦,这很难猜。是不是玩具?"

"不对,再猜猜。"

"吃的东西。"

"也不对,是小乐器,哪一种?"

"小吉他?"

"不是,是一个小手鼓。"

"你怎么知道我喜欢小手鼓?"他疑惑起来。

"我猜的,对吗?"她对自己半信半疑。

"对,西拉。"他的认同使她大喜过望,无比舒畅。

"为感谢你的心意,西拉,让我唱支歌给你听吧,叫《我回家过圣诞节》。"他唱得如此激昂,如此动情,她竟不敢抬头看他,生怕被他看到自己在流泪。后来,她忍不住去看他,却瞥见他也泪眼汪汪。

许多天以后,有一次她偶然去楼下地下室,看见一个壁橱,拉开一睹究竟,居然是许多各式各样的小手鼓,但就是不见自己送给他的那一个。她一时很纳闷,再朝别处望,见室中央有一张很考究的长方桌,上面摆着一些东西。走近一看,在他的几个精致的吉他当中,放着那闪亮的小手鼓。

1960年3月1日的晚上,埃尔维斯即将退伍、离德返美的前夕。

埃尔维斯与普里西拉坐在他房间的床沿上,相互拥抱着。她唉声叹气,心里难受。

"哦,埃尔维斯,"她说,"我只希望你能把我带走。想到生活中没有你,我真受不了。我太爱你了。"

她抽泣起来,无法自控。

"嘘,宝贝,"埃尔维斯低声说,"安静一下,暂时分离,也是不得已。"

"我就是担心,你一回国会把我忘记。"

他微笑着轻柔地吻了她:"我不会忘掉你,西拉。我决不会爱上别的女孩。我爱你。"

"你爱我!"她很惊愕。埃尔维斯以前说过她与众不同,很喜欢她,但是从没说过爱她。她能信任他吗?她生怕受伤害。安妮塔给他的信不是写得挺肉麻的,他能顶得住吗?

他紧紧抱着她,说:"我对你的感情让我坐立不安。我不知道该怎么办,彼此分开一段时间可能有助于让我体会我真正的感受。"

这天晚上,他俩真是如胶似漆,抱不完,亲不够,陷于强烈的感情冲动之中,不能自拔,特别是普里西拉。在此一刻值千金的临别前夕,她思绪万千,激情澎湃。她往后会再见到他吗?还会有这样拥抱、接吻的机会吗?这次离开分别会是人们所谓的生离死别吗?她想得入神,不能自已。

突然,她将身体猛地往后一仰,原来依偎着坐在床边的这一对情侣都倒在床中央。埃尔维斯惊笑起来:"哎呀,你怎么啦,西拉?"

"我要和你做爱,这已不是第一次提出了。"她似乎有些失控,说出实话。

"不。将来某一天我们可以,西拉,但,不是现在。你还太年轻,我负不起责任,你父亲挺严厉的!"他争辩着,想尽力说服她。

这也许是埃尔维斯的肺腑之言,他是这么想的,所以这么说。多亏慈母格拉迪斯早年的多次叮嘱:不能滥交女友,不能乱搞关系,不能犯法。这句话,他记住了,认为该照办,只能好言相劝。

晚上回家后,她迷迷糊糊,不知睡了几小时,天就亮了。约 8 时许,弗农开车来接。她此时唯一的安慰是埃尔维斯答应让她单独送他去机场。

当汽车开回西德的哥德斯特拉斯街 14 号他们的寓所门口时,里面客厅已传出阵阵谈话声和喧闹声,挤满了来送别的亲朋好友们。得悉儿子还在楼上房间打点行装,弗农随即对普里西拉说:“你先去楼上他的房间,他在等你。”

“埃尔维斯,我来了。”她边说边一把抱住他,长吻起来。

“这是我在孟菲斯的地址,保存好,宝贝。”他说着递给她一张纸。

“我的地址和电话你都晓得,别忘记我。”她紧紧搂着他。

“怎么会忘记。一有空,我就会打电话,请放心,西拉。”他又吻她。

他们下楼时,见屋外已下起毛毛雨,但有众多粉丝堵在大门口附近,不知他们怎么知道埃尔维斯这天启程回国。他叫她先去车上等,并说向宾客和粉丝告别好就回来。

约一刻钟过后,他来到车前。车门砰地关上不久,司机加大马力,向机场疾驶而去。他俩在车里静坐了好一阵子,陷于沉思之中。然后,他向窗外凝视,对着细雨犯愁。

"西拉,我知道,我走后你会孤单,不习惯。但我希望你静下心来,继续读书,这也许难为你了。可是,你必须这么做,先读到中学毕业。"

她听得有些不耐烦,想打断他的话。"啊,让我把话说完,你得想开,将我们这段日子当作假期旅游,现在旅游结束了,得返回学校好好学习啦。"说着他又想到她的继父,"哦,我不想让你父亲认为是我影响你学习,使你没心思读书。"

"好了,我会注意的,尽量去学。别再讲了,好吗?"

"好的。啊,还有一事,你要注意,就是身体要保养好,你还在长身体。希望你以后像现在一样健康,最好比现在更健康。"说到这里,两人都爽朗地笑了。

"我带来一包东西。"他随手递给她一个手提包。"里面是前不久上级发下来的军装,就是被授予的镶有中士军阶条纹的迷彩作战服。"

"嘿,很花哨,蛮好看。"

"我要你收下。这表示你是属于我的。"

"是。"于是,两人都举起手,相互行军礼,笑了起来。

汽车临近机场时,不得不放慢速度,人越来越多,开到离跑道最近的地方时,埃尔维斯对司机说:"到了,请停一停。"然后他紧抱并热吻西拉,说道:"别担心,回到家我会打电话给你。就这么说定,宝贝,再见。"

他下车往前走了才两三步,忽然有人高喊:"埃尔维斯。"随即许多人围了上来,推开了跟在他后面的西拉。人群中大概也有不少是他的粉丝,他被挤来挤去,甚至还有人要他签名。西拉也高呼:"埃尔维斯。"但此时她的嗓音在喧闹的人声中显得有气无力。他也着急,一时竟看不见西拉。

历尽艰辛,穿越人群,埃尔维斯最后登上飞机舷梯。然后他转身往回看,眼光不停地搜寻,耳朵好像也竖了起来。不一会儿,在茫茫的人群中,他终于发现普里西拉在呼唤他。两双深情的眼睛遥相凝视,挥动着双手依依惜别。

欣然回归

1960 年 3 月 1 日埃尔维斯服役期满,部队为他开了欢送会,并予嘉奖。会上,他高兴极了,虽未献上劲歌热舞,但也致了答谢辞,说了自勉语。说来真巧,欢送会竟是由不期而遇的老相识玛丽恩·斯基柯小姐安排、主持的。她就是 6 年前他初去"太阳录音室"遇见的那位秘书兼营业员,正是由于她的推荐,老板萨姆·菲利普斯后来才发掘、提携了埃尔维斯。1957 年她离开"太阳"后参了军,进入空军部队。真是有缘来相会,好像是上帝当初派她引导埃尔维斯进入乐坛,如今在他受过部队洗礼后,再领他步入新天地。

次日,他乘飞机离开西德,在欢送的人群中有个娇小伶俐、妩媚动人的少女也向他挥手惜别,他俩只脉脉地以眼神相互传递心底柔情。但这诡秘的眉目传情却被个别眼明手快的记者觉察出,成为日后他们追踪报道、刨根问底的主要素材。

最后,埃尔维斯回到新泽西州的迪克斯堡,就此结束他的两年戎马生涯。

3月5日,埃尔维斯回到阔别已久的格雷斯兰。景物依旧,慈颜不在,仅于睡梦中依稀感受春晖,觉得分外凄凉。他曾梦见妈妈来机场笑着迎接他,在格雷斯兰正门——后来被命名为"音乐门"的大铁门,其铁栅横格间镶铸许多音乐符号——旁伸手等候他,来他的床前看望他,嘴唇轻启似有千言万语要叮嘱,但是戛然而止,使他无比伤感。

他在悲痛之余,仍想重操旧业,东山再起。他和帕克上校商讨后取得共识:不能完全照搬两年前的老一套,得树立新形象,让更多的人,特别是让中产阶级的中老年人接受并喜欢他和他的歌曲及表演。

此后,在他身上,人们再也看不到特别花哨的奇装异服,也少见那长而闪亮的鸭尾式发型。他演唱的风格也逐渐斯文起来,曲库丰富起来,各种名曲、民谣常穿插其间。其实,他两年来的表现——积极应征入伍,在军营中被表扬、嘉奖,对长者的尊敬和对穷人的接济,在"埃尔维斯军营生涯"纪录片中已时有报道,感动过众多的美国人,特别是那些中老年人。他们当中就有人直嚷:"这个小子挺爱国的,没逃避,很规矩。"

4月上旬及下旬,他两次去州府纳什维尔为 RCA 录制新唱片,被邀同往的乐师有吉他手穆尔、鼓手方坦纳、钢琴手克拉默和伴唱小组的乔丹·奈尔。月初录制的唱片包括歌曲《缠住你》("Stuck on You")和《名与利》("Fame and Fortune")。月底出版的专辑《埃尔维斯归来》(*Elvis is Back*),其中也收录了他重新演绎的《兴奋》("Fever")、《如此夜晚》("Such a Night")等老歌。

过后,RCA 又给他推出两首新歌。一首是《时不我待》("It's Now or Never"),另一首是《今夜你寂寞吗?》("Are You Lonesome Tonight?"),前者是意大利名曲《我的太阳》的翻版,曲调依旧,歌词全非,变成及时行乐的呐喊。后者是美国民谣,早已脍炙人口。然而,从"猫王"嘴里唱出,这两支歌曲分外婉转激昂,荡气回肠,《时不我待》甚至获得当代美声歌唱家的推崇赞扬,说他音质纯正,音域宽广,使人内心受到强烈的震撼与感染。

1960年5月12日,由 ABC-TV 制作、帕克上校策划的"欢迎埃尔维斯归来"荧屏秀推出,好莱坞著名演员兼歌唱家弗兰克·西纳特拉（Frank Sinatra）担任主持人，埃尔维斯受邀出席。上校这样安排，可说用心良苦，他想借助老明星的光环引出并照亮埃尔维斯这位演艺界新秀。最后他如愿以偿。果然，西纳特拉在舞台上当众夸奖了埃尔维斯两年军营生活中的上佳表现，并与埃尔维斯即席交替演唱了各自的成名曲，新秀仿唱《魔力》（"Witchcraft"），老手高歌《温柔地爱我》，新老交错，相映成趣，相对引吭，传为佳话。

从军感言

入伍期间，埃尔维斯曾经发表下面这篇感言：

我早就想到部队过一种全新的生活。情况的确是这样。我舍不得离开家里的伙伴，但是，我不能依赖别人过一辈子。在军队里，才能学会自己做事，独立生活。

我喜欢部队。在军队里，我只是千万个士兵当中的一员，这很合我的意，我就爱当普通一兵。

参军的前几个星期，我的体重减轻了几磅。可是，这两个月的基本军训锻炼了我。在户外长时间的操练，使我的皮肤晒成了褐色，但我健壮了，长了许多肌肉。军队的伙食我一点也不嫌弃，尽管它不同于我在家里吃惯的食物，但我毫无怨言。

在基本训练期间，我与伙伴们在野外练格斗，驮着65磅的背包练15英里的急行军——跟所有战士一样。

在连队里待了不久，我就得知军官们的性格与特点。他们很严格，也很公正。他们不喜欢别人胡言乱语，这我很快就看出来。假如我在他们面前找麻烦，后来出洋相的肯定还是我。我的表现很好。我认为我是一个随和、灵活的人，要我遵守他们的规矩并不难。

不管怎样，我不惧怕做些艰苦工作。艰苦的工作对我来说并不新鲜，我以前做过很多。作为一个普通老百姓，我干过体力活，每天半夜3点就起床上工。中学期间，晚上我去电影院打工，帮观众找座位。那种工作从来没有难倒过我，我一直经历过来，还行。

我与连队伙伴们的关系处得很好，大家亲如兄弟。唯一一次我被他们认为非同一般是他们到我这儿来为他们朋友要我的签名。

人们时常问我，在服兵役期间我有没有打算结婚。我的答案是否定的。入伍以来，我又遇到许多女孩，但是，到目前为止，我还没有碰到一个我喜欢并想与之谈婚论嫁的。我不会对生活大事讳莫如深，也不会隐瞒恋情。为什么呢？如果我爱上一个女孩,我不会保守秘密,大家都会知道。

有一件事是肯定的,个人婚姻状况我不会隐瞒不说,否则,那会不利我的事业。为赚钱而放弃爱情,这是什么样一种人呢?我不谈婚事是因为我还没找到我爱的人。

也许会有许多次,你认为你在恋爱,但我不会满足于此。我得明了自己,我会跟这女孩永远生活在一起。

由于我在服兵役不能兼顾演艺事业,我认为没有必要为那些烦恼。远离乐坛后我就没有制定特殊的演出计划。军队里没有什么规定不允许我在休假期间举行个人演唱会,但是,我想不久就会有时间由自己安排。

当我回国又做回平民时,我希望能继续我的演唱事业,假如歌迷们要我那么做的话。但愿如此。倘若他们不要,那我得改行,开创新事业,从头做起——也许,做个演员。

在军队期间,我想得最多的东西是什么?毫无疑问,是家里的伙食。猪排、苹果馅饼、蔬菜汤——诸如此类的菜肴。还有一桩事儿我常想,便是在家里穿着便裤和套衫悠闲地待着。

可是,有一桩事儿是部队提供给我,而在过去两年作为平民的我却没有的——自由。

是的,这听起来不可思议,但是,这是真的。在部队里,我比以前有多得多的自由。当然,在白天或值班的时候,我得做该做的事情,可是,本职工作以外,我能自由自在地做我喜欢做的任何事情。前几年,我去某个地方总有人保护。我住的旅馆总雇用保安人员来把守,我绝不去公共场所,生怕被围困出事。

我想,那些事当年是得做。可是,那种护卫使人与人隔开了。时常这样,就令人感到孤独。这正说明,为什么我现在觉得很自由。

影坛春秋

（1960—1969）

携爱出游

1960年3月2日与埃尔维斯依依不舍分别后,普里西拉回到家里将自己锁在房间内,吃不下,睡不着。最后,她妈敲开门,对她说:"你这样于事无补,在这儿没精打采地走来走去也不会把他拉回来。他去体验他的新生活,你该体验你自己的啦!明天上午早些起来去上学。现在先去吃顿饭,补补觉。"

翌日,她只好按双亲旨意去上课,但心思是自己的,它始终在游离,飞去千里之外,收不回来。

一天天过去,一周周过去。过去整整3周21天,家里电话响了,传来埃尔维斯的声音:"嗨,西拉,你近况如何?"

"哦,埃尔维斯,我很好,只是太想你。我以为你把我忘了。"

"我告诉过你,我会打电话的,现在不是来了吗。"

"怎么到现在才打来,等了3个星期啦!是不是忙着跟南希·辛纳特拉约会?"

"不,没这回事儿。你不能这么武断,你怎能这么说!"

"大家都这样说,报纸上不是登了么?"

"别相信谣言。事实是我出席过她父亲弗兰克主持的一次节目,她参加过我回国后的一次记者招待会,我和她见过面,是普通朋友。"

"恐怕不仅如此吧。"她不信他的话。

"我时常想你,宝贝。但我比较忙,正准备拍一部电影《从军曲》,可热闹哩。"

"噢,可好。女主角决定了吗?"

"定好了。"

"叫什么名字,人怎么样?"

"还没见过,听说她长得蛮高,名字叫朱丽叶·普劳斯,原来是舞蹈演员。现在,她已与弗兰克·辛纳特拉订婚了。"

"好的。"

"好的,这下你可以放心啦。"

这次,他俩通话的主要内容就是如此。在过后的近两年时间里,他们联系的方式和交谈的内容大致也是这样。有所不同的是,她有时写信给他,甚至连续地写,但始终不见他的回信;他有时个把月跟她通一次电话,有时隔了三个月。尽管时断时续,忽冷忽热,有忽略,有埋怨,但情丝还是连通的。

1962年3月间的一天傍晚,普里西拉在家里接到电话。

"喂,是西拉吗?我是埃尔维斯。"

"是啊。你终于来电话了。"

"我想给你安排一次出游,到洛杉矶来看我。你看能行吗?"

她感到惊喜交加:"好呀……但我没把握,不知爸妈是否同意,不知定于哪些天。"

接下来的几天,埃尔维斯给他父母分别打了几次电话,请求他们让她有空时来洛杉矶游玩,并说很想念她,不久在好莱坞有空招待她。他的态度和语气听起来还是诚恳真挚的,但她爸仍顾虑重重,犹疑不决。还是她妈心疼她,不忍拒绝,不但自己同意,还去说服丈夫。最后,两人与埃尔维斯约法三章:一,旅游为期两周,于暑期期间;二,订好来回双程头等舱飞机票;三,有专人陪伴、监护并每天给父母写信汇报情况。

班机在洛杉矶机场着陆时,人声鼎沸,周围挤满许多来度假的学生。不久,在候客的人群中,普里西拉认出了乔·埃斯波西托。这个绰号叫"钻石乔"的小伙子,她在西德见过好多次,那时他是埃尔维斯的亲密战友,退伍后跟随歌王,成为其乐队主管兼贴身保镖,是其信得过的知己。这次接待是埃尔

115

维斯委托他办的。

"啊,你长大了,更好看啦!"乔微笑着说,随手接过她的手提包。

"谢谢你来接我,乔。"他的欢笑她看了很宽慰。

来到洛杉矶,她初次领略了这里的都市风光,漂亮而繁荣,与战后德国的萧条景象大相径庭。汽车经过卡尔弗城米高梅影片公司的摄影棚时,乔说:"那里就是埃尔维斯大部分影片摄制的地方。"稍后,他们疾驰于著名的日落大道,穿过贝莱尔大铁门,进入了一个她从未涉足的新天地。蜿蜒的道路两旁,华丽的宅院鳞次栉比,一栋更比一栋壮观。

最后,他们进入贝拉基俄路上埃尔维斯的又一家园——一座意大利风格的巨大别墅。埃尔维斯的男管家吉米迎接了他们。

乔领她进入前厅,朝休息室走去,立刻听到洪亮的乐声和欢笑的人声。进屋之前,普里西拉深深地吸了口气,向往的时刻终于来临。

宽敞的休息室灯光有些暗淡,宾客不少,几个长沙发上坐满了人,站着的人多围绕着电唱机、游戏机什么的。室中央放着一张乒乓球台,这时,一个穿着白色衬衫、黑色长裤,俯身向着球台,准备击球的人就是别墅主人埃尔维斯。

不知是谁提醒,他突然抬起头,转身见到她。片刻间,他容光焕发,莞尔而笑:"啊,普里西拉,是你!"他嚷着,一边放下球杠,穿过人群,一把抱住西拉就吻,她也情不自禁,抱吻着他。"这段时间你还好吗?"

"像往常一样好。"她回应着,但感到有些不自在,周围有许多双眼睛在盯着自己。埃尔维斯似乎也觉得有些窘迫,遂向大家介绍了自己的女友。

"别走开,西拉,我把这盘球打完就回来。"说着他走向球台,拿起球杠。在场的几个女孩向她走近,搭讪起来,说埃尔维斯很好客,有空时几乎每天晚上都开派对,她们很乐于参加。

击球时,埃尔维斯没忘记说笑逗乐,一个女孩弯腰试着击球时,他却用自己球杠戳了一下她的屁股。她惊恐地尖叫起来,引起众人大笑,西拉除外,她无意间发觉他生活方面的一些变化,离开西德时,他是个彬彬有礼、善解人意、谨小慎微的年轻人,通过聚会活动,她发现他如今显得不拘小节、顽皮淘气、为所欲为。

这局台球打完后,埃尔维斯向客人打完招呼后随即带西拉到楼上房间去。这间卧室与先前在西德租用的那间有天壤之别,极其奢华——厚厚的地毯,精美的陈设,给人一种舒适温暖的感觉。

"西拉,你在这儿休息一会儿。那边有浴室,你可以去用。我马上下楼去送客人,过后回来。"他说着匆匆而去。

"哈,你长高了些,更漂亮了,宝贝。"他回来后抱着她说。

"你更调皮了,是不是?"她眉开眼笑。

"哪儿的话,逢场作戏罢了,大家热闹点。"

"是的,我也喜欢热闹。今天晚上,我睡在这儿吗?"

"不,宝贝,地方我已找好了,在我的好朋友巴里斯夫妇家里。他们有一个空着的房间,宽敞而考究,可做你的闺房。"

"我才不要什么闺房,我要住在这里。"她坚持己见。

"不行,我已和巴里斯夫妇谈妥了。半途变卦不好吧!"

"早知这样,我不会来的。"

"你要回家? 我还想带你到拉斯维加斯去玩呢!"

"真的? 我当然要去。"她立即表态,正求之不得。

于是,两桩事情很快决定。首先由埃尔维斯把西拉带到巴里斯家里借宿,次日上午由他的好友艾伦将她接回,当晚出发去拉斯维加斯。由于出游行头不够标准,当天下午她又有空,埃尔维斯派艾伦开车上街领西拉去添置时装。由一个不熟悉的男士陪着去时装商店购物,这对西拉而言,是破天荒。不过,艾伦不但车技高超,挑选时装也在行,还是圆满完成了歌王赋予的任务,陪她选购了3套艳丽时装。

满载而归的坐在汽车里,普里西拉忽然想到对父母的承诺:每天给他们写一封信,汇报情况。这真烦人,但不得不写,名声不好的赌城他们一听肯定很反感,这会造成坏印象,下次再要出来玩,可就难了。于是,她眉头一皱,计上心来,一不做,二不休,下车后,干脆把7封短信一口气都写好,请吉米次日起从洛杉矶每天寄出一封。这样,拉斯维加斯的7日游就无后顾之忧了。

临行前的晚上,寓所前的草坪上,人影穿梭,人声鼎沸,大家都在忙里忙外。乔治·巴里斯为埃尔维斯专门设计的大巴停在门前。随从人员进进出出,往车上装皮箱、唱片柜、立体声音响设备以及百事可乐等饮食箱。所有的准备工作及热烈气氛好像显示着埃尔维斯在搬家,而实际上,他每次外出旅游都是这么兴师动众的。

大巴启动了,这次由埃尔维斯亲自掌控,他又回到老本行。他有恐高症,又怕航空事故,而开起车来,驾轻就熟,顾忌全无。这次身边坐着普里西拉,目的地是全美娱乐中心拉斯维加斯,他的心情之愉快、精神之振奋可想而知。这一回,她终于领略了他的欢快与抖擞,他的眼神犹如夜猫般闪亮,不,简直像夜豹。这时,天气凉爽,交通流畅,他不禁唱起自己的得意之作《时不我待》。大巴风驰电掣,歌声随风飘扬。

清晨7时左右,大巴驶入拉斯维加斯。这时赌城商业区仍在"沉睡",街上行人稀少,只排列着一些私家车和出租车。埃尔维斯领着他的人马入住著名的撒哈拉旅馆(The Sahara Hotel)。旅馆内外俨如两个世界,外面冷冷清清,里面热火朝天。大厅内人来人往，交谈声，说笑声，打字声，电铃声，不绝于耳。后面的赌场，声音更加嘈杂，吃角子老虎机的咔嚓声，铃儿的叮当声以及掷双骰子时赌桌上不时发出的呐喊声，简直震耳欲聋。

"这里平时都这么热闹吗?"西拉拉着他手问道。

"是的，西拉，一年四季，天天如此。"埃尔维斯对这里了如指掌，毕竟是故地重游啊。

"走呀，到那边去看看。"

"晚上再来玩吧，先上楼到房间休息一下。"他拉了她就走。旅馆侍者领着他的团队进入套房，然后随从人员着手拆包，整理物品。

约一小时以后，各个房间都整理布置妥当，用的、吃的、听的、玩的各得其所，男主人与女客人也都洗漱整装完毕，准备休息。待随从离开后，主人随即关好卧室门，请客人同吃美食饮料，共享鸳鸯大床。

赌城风光

下午4时左右，普里西拉醒来，望着埃尔维斯，又紧紧地依偎着他，而他的手臂依然搂着她。他仍不醒，说明睡前服用的药挺管用。她端详他的面容，浓密的黑发，长而黑的睫毛，白皙的肌肤，俊挺的鼻梁，丰满的双唇，还蛮诱人的。于是，她亲吻了一下。虽然很轻柔，但他却突然睁开眼，抱住了他。

他起床后，随即打开电视机，调到音乐台，然后边朝浴室走去，边对她说："穿上漂亮衣服，宝贝，今天我要带你出去逛一逛。"当他们两人走进餐厅时，随从人员早已衣冠整齐来到厅内，桌上放好了美味佳肴。他向大家招手示意后，走向唱机，播放一张自己最新的唱片，然后请他们边吃边听。

来到全国娱乐中心的最大旅馆品尝第一顿美餐，有摇滚歌王在身边相伴，有他的新曲回荡耳旁，普里西拉真感到心旷神怡。听完这张新唱片的几首歌曲后，她觉得总体而言其节奏缓慢了些，但很抒情婉转，与入伍前他演唱的风格略有不同。

"西拉，这几首歌你感觉如何？"埃尔维斯在这张唱片放完后问道。

"抒情而婉转，很好听。"

"欧洲女孩现在喜欢听哪些歌手？"

"还是最爱听你的。"西拉直言，并未吹捧。

"噢，哪些歌曲呢？"

"《监狱摇滚》《玩具熊》《猎犬》等，特别是《监狱摇滚》，他们很喜欢节奏快、音量强的摇滚乐。"

"嘿,还停留在我的老歌里。可是,近来我在创新呢!"

餐桌闲聊后,带着几个随从,他们跳进一辆大轿车,驶向赌城闹市区。不一会儿工夫,埃尔维斯发现一家很醒目的精品时装店,就在附近暂停下车。该店橱窗内的 5 个模特儿的服饰既经典又时尚,显然呈现着 20 世纪 60 年代美国时装的新潮流。

他握着西拉的手,两人先走进这家时装店,后面紧跟着随从,店内人员立即迎了上来,心想来客很气派,肯定是大人物,生意来了。

"你好,女士。我们来看看,请推荐几件时兴的女装给这位小姐,好吗?"埃尔维斯首先发问。

"好的,请进。"售货女郎含笑打量着普里西拉,引领他们走进服装展示厅。当西拉在五彩缤纷、式样奇特的时装之间看得眼花缭乱、无从决断时,她向埃尔维斯求援。于是,他当仁不让,欣然应允,带着她走到一排排的服装架前,取出一套套、一件件衣裙,仔细挑选,认真对比,选择的标准当然依他而定。他看中的第一套是精致的黑色针织花边紧身连衣裙,配上一双金色皮质高跟凉鞋。西拉穿上这套时装及高跟鞋在试衣室镜子前自我端详时,竟大吃一惊,自己好像不再是一个 16 岁的少女,而是一个 20 多岁的性感女郎。埃尔维斯审视后,笑道:"嘿,没想到这么好,这么合身,行,再选几套。"接下

122

来他又为她挑选了 5 套,其颜色除了黑色外,有浅蓝色、粉红色和绿色,面料多系丝绸类,款式多为紧身。这 5 套服装都配有相应的披肩、鞋子和手提包,与服饰相映生辉。总之,埃尔维斯领略的女士夏季服饰之美完全体现在普里西拉这几套时装上。

在返回旅馆的途中,埃尔维斯边开车边闲聊:"西拉,对这几套时装满意吗?"

"当然,很满意。穿上就时尚多了。"

"我看,稍微时尚了些,但还不够。还需要美发和化妆。"

"我头发怎么啦?化什么妆?"她知道自己的深褐色长发没有精心梳理,但顺其自然,也蛮好看。这时她意识到他不喜欢她的发型,也不喜欢她的妆饰。

"这儿是拉斯维加斯,与其他城市不一样,差不多每个女人的头发都是做过的。你的眼睛周围需要好好化妆一番,使其充满色彩,更漂亮。我喜欢你浓妆艳抹,形象突出。"他最后说出了自己的喜好。

返回旅馆不久,他就请来旅馆美容厅的首席美容师阿蒙德在套间的梳妆室为普里西拉美发、整容。近两个小时之后,她的褐色长发变成了一长绺乌黑卷发,悬在左肩之前,她的面容油光闪亮,眼圈绚丽多彩,变得"面目全非",前后判若两人。

"哈哈,真漂亮。乔,你过来瞧瞧看!"埃尔维斯见她的新模样,就眉开眼笑,赞叹不已,好似画家欣赏自己的大作。

乔随即走近,对她上下打量一番,说道:"哦,快认不出了,现在一点不像当初的小'女海军',而是一个盛装的阔小姐。哦,晚餐时间到了,请西拉小姐和我们一道去餐厅。"

这一餐,对浓妆艳抹的西拉是一场挑战,考验她的饮食要求和方式,她再不能随意取刀削肉或大口咀嚼三明治,她得极度斯文,保持端庄,一尘不染。

谨小慎微地吃过晚餐后,她偕埃尔维斯等人去一邻近剧院,欣赏《红斯凯尔顿》综艺夜场秀。他们进入剧场时,场内的灯刚刚关掉,指引人员拿着手电筒领引他们入座。这正符合埃尔维斯的入场要求——也许是他的随从先行安排好的。除了自己包场看戏以外,埃尔维斯进场的时间都定于场内关灯的瞬间,因这时不会惊动别人,影响演出,使自己成为众矢之的,引起喧宾夺主式的闹剧。至于他的离场时间一般也是在秀场临近结束之前,即场内电灯尚未打开之时,在这瞬间,他会悄然离座,像超人一样急速遁去。但是,这次夜场他没能安然脱身,而是半路受堵,被众多年轻粉丝围住。电灯一亮,他原形毕露,被"逮"个正着,有的要求合影留念,有的要求当场签名,足足被"围攻"了 30 分钟。这次当然事出有因,原来,当埃尔维斯及其伙伴蹑手蹑脚、自以为人不知神不晓步入剧院、走向座位之时,有些颇具眼力的粉丝立即发现了歌王,于是一传十、十传百，临近散场时，众多年轻人已发现目标，眼明手快地堵住关卡要道，"瓮中捉鳖"，使之就范。

就在被观众团团围住、动弹不得的时候，埃尔维斯见身边西拉面色铁青，招架不住，随即对保镖艾伦说："快些把西拉带出去，把车开到大门口停我。"于是，可怜兮兮、上气不接下气的普里西拉借助艾伦的硬拽猛拉才得以从拥挤的人群中解脱出来。这次意外被围也给西拉上了一课。往后与埃尔维斯共同出游时，她得眼观四方，耳听八方，时刻警觉，一遇险情，立即逃脱。

当埃尔维斯从人群中脱身，疾步朝剧院门口走来时，他完全失去了平时那仪表堂堂、悠然自得的架势，头发乱蓬蓬，上衣纽扣全失踪，皮鞋表面脏兮兮，弄得狼狈不堪。但他不认为有失尊严，反而面带笑容跳上等在剧院门外的豪华私家车。

回到撒哈拉旅馆还不是当天活动的结束，应该称之为夜生活的开始，因为客人普里西拉来到这里还没有体验这个城市的主要娱乐，赌场游戏有待他们参与。埃尔维斯来此的目的与一般人不一样，不计较输赢——他的钱够多了，不用靠赌博捞外快，纯粹为了好玩，逢场作戏而已。

坐在专玩21点的赌桌一端，埃尔维斯一边自己玩一边让西拉学。这时，他嘴里叼着一根雪茄，左手边放着一杯葡萄酒，右手握着一张牌，双眼神气十足地瞟着纸牌，若有所思，其神情酷似影片《乱世佳人》中男主角弗特·巴特勒的扮演者大明星克拉克·盖博。

西拉初来乍到,从未玩过 21 点,可是,试玩了几盘以后,她独当一面,下注参赌。埃尔维斯随手递给她 500 美元,风趣地说:"你独立操作,小姐。你赢了,钱都归你;你输了……以后商量着办。"西拉笑着招呼庄家给她发牌。她打量着手上的牌,心算起来,9+8=17,还有一张 5 点。她突然狂喜,认为成了。

"21 点!"她叫了起来,一边摊开牌,一边望着埃尔维斯,等他验证。

"让我看,"他一本正经数起来,然后笑呵呵地悄声对她说:"对不起,宝贝,这是 22 点,作废。"

她立刻涨红了脸,随着一声"对不起",起身跑到洗手间去"避难"。10 分钟过后,她才平静地回到牌桌。这时,她痛下决心,重整旗鼓,聚精会神,认真计算,终于不再犯错,赢回脸面,不但没输,反而赚了 200 美元。

在接下来的假日里,他们的日程基本不变,白天睡觉休息,夜晚玩耍消遣,有表演就看表演,没表演就去赌场消磨时光。这种舒适而懒散的生活是埃尔维斯的休闲模式,普里西拉在不知不觉中对它适应接受了,不但在这方面,也在另外一方面,即对药物的依赖。他几乎每天都服用苯丙胺和安眠片，这似乎已成他的习惯。在他服用这些药丸的时候，他像请客吃饭一样请她服用。盛情难却，遂亦步亦趋，跟着服用。

普里西拉在慢慢变化。她的自制力每况愈下，言行变得武断而任性，步他后尘。她不断融入他的生活，进入他的天地。他们在认知彼此的方方面面，利用这次旅游的机会来弥补两年分离的缺憾。他们两人更加相爱了——索性不去想那非得再次分离的时刻。

尽管不去想，但分别的时刻还是来临。"我不愿意离开你，"她抽泣着说，"我要告诉父母亲，我没赶上班机。"西拉情不自禁。

"那么，宝贝，你认为他们会原谅你吗?"埃尔维斯表示怀疑。

"好，我就对他们说，我爱你，不愿回家。"

"嘿，这样你会坏事，使事情更难办。要是这次你准时回去，以后在学校里各方面表现更好些，他们也许会同意你今年年底来我这里过圣诞节。"他迫不及待地提出此妙招。

听了他这么说，她幡然领悟，认为这不失为上策。可是，真把学业搞上去，谈何容易，以后努力争取吧，一切为了圣诞再欢聚。她终于被他说服，心安理得地准备启程返回西德。在临别前夕，这一对年轻恋人当然少不了激情的抒发，但埃尔维斯自控能力较强,能掌握分寸,适可而止,这也许源于早年慈母的忠告。

金屋藏娇

埃尔维斯与普里西拉在雅园欢度 1960 年的圣诞节和 1961 年的元旦之后,并不满足于这短暂的聚会,而萌生了长久欢聚的想法。

1961 年初返回西德家里以后,普里西拉仍思绪纷乱,心神不宁,整天想的只是上次与埃尔维斯的玩乐,学校的课本早就抛到九霄云外。她要么心不在焉地坐在教室里,要么兴高采烈逛大街、逛商店、喝啤酒,我行我素,对抗双亲。

埃尔维斯时常在夜晚打来电话,西拉与他窃窃私语、谈笑风生,一次能持续个把小时,父母嫌烦,她却欢畅。有一次,埃尔维斯一本正经告诉她,有一件大事要摆到桌面上跟她父母谈,他和全家人想请普里西拉回国到孟菲斯继续学业,这里会有很好的生活、学习条件,也能得到妥善照顾。次日,西拉向她妈妈提出此事时,说得干脆,她与埃尔维斯已经相爱,不愿分开,要待在一起才能安心生活、学习。这的确是实话。但"忠"言逆耳,她妈妈的回应是"绝对不行"。她估计她爸爸也不会答应,况且他在西德的工作任务没有结束,也不能回国。他不会让女儿单独去别人家。再说,她自己也不放心。

"可是,妈,"西拉恳求着,"你不明白,他要和我在一起,不分离。"

"为什么要你?"妈妈质问,声调显得激昂而沙哑。"他为什么不找一个与他年纪相仿的人?你才16岁。他到我们这儿来做啥?"说时竟然用手掩着脸,哭泣起来。

女儿心里也难过。母女两人一直很亲密,相依为命,从未为某件事争执不下。可是这一次,女儿认为妈妈不理解她,不心疼她,只有埃尔维斯跟她最亲。

"他不是你所想象的那种人,"西拉说,"他需要我,不会伤害我,妈妈,请你跟爸爸说一说。"

"西拉,假如我让你去,你以后却伤心而归,那我再也受不了。你现在太年轻,还不知道将来会怎样,你只晓得自己在恋爱,不顾一切,想做什么就做什么。"

"妈,我不仅希望你同情我,还盼你为我向爸爸提出这个要求,我求您啦,妈妈。"

母亲擦掉泪水后凝视着女儿:"好吧,以后找机会跟你爸谈谈看,但最近不行,他忙得很,又不高兴,而你刚回来不久。"

"谢谢你,妈妈,我爱你。"西拉如释重负。

这样,她得等妈妈给她求情,听天由命。其实,两人并不知道埃尔维斯的真实情况,他们只接触到报纸上、电视里有关他的八卦新闻,其中有许多是道听途说,无稽之谈,怎能相信。说他与每一部影片里的女主角都谈恋爱,都约会,是真的吗?不知双亲——特别是父亲——作何想法。他们也许信以为真。

过了些日子,埃尔维斯追问她情况进展如何,要求有没有得到答复,西拉心想妈妈还没向爸爸提起此事,怎么会有答复。

"假如你要我回到你身边,在你们那里读书,你必须亲自跟我爸好好谈谈。"她此时只好对他直说。

"好的,请令尊接电话吧。"埃尔维斯回答,"我不是麦克阿瑟大将军,但我有话要说。"

在接下来近30分钟的通话中,埃尔维斯跟博利厄上尉详详细细、拉拉杂杂谈了许多事儿,内容不外乎他与普里西拉如何结识、相互关爱、难以分开——特别是在这次圣诞节欢聚之后。然后他表明心迹,说自己对西拉的友谊和感情是纯真的,实际上自己并没有滥交女友。最后,他言归正传,转入正题,说他代表他自己、父亲弗农和祖母明妮向普里西拉和博利厄上尉及夫人慎重提出,希望西拉返回美国,来孟菲斯继续学业,这儿有很好的生活、学习条件,有利于她的成长。并说回国期间,将有两个监护人照顾西拉,提供膳宿,这两个人是他的父亲弗农和继母迪伊。至于要上的学校,埃尔维斯信誓旦旦地说,他将亲自去找本地最好的教会中学,请放心。

上尉好不容易耐心听完他的长篇叙述,对他半信半疑,处于进退两难的境地,他仅仅不置可否地说:"哦,谢谢你对西拉的关心和爱护。这事儿我们要考虑一下,以后再说吧。"

经过反复考虑,双亲还是顾虑重重,忧多于喜。他们想,倘若埃尔维斯这个人像他说的话那么真诚,即他是个言行一致的君子,假如西拉对他完全信任,十分喜爱,他们的关系会向好的方向发展——这是两人所期望的。但是,如果对方是虚伪的,所做非所说,是个骗子,那会给女儿造成莫大的伤害,使自己追悔莫及。

他们又想,要是不同意埃尔维斯的想法,拒绝其要求,那将是对两个年轻人的一次巨大精神打击,特别是对女儿西拉。假如她因此情绪失控,生活失常,不想上学,整天瞎闹,那可怎么办;倘若她反其道而行之,离家出走,投入他的怀抱,其后果会更加严重,家门出丑,贻笑大方。

想来想去,莫衷一是,决定不了。暂不作答,静观形势,了解实情,是上尉夫妇的行动方针。

要了解实情,当然得依赖自己的女儿西拉。过后,有好几次,当母女双方有空、情绪安定时,她俩会坐在一起,促膝谈心。女儿要向妈妈吐露心声,妈妈真求之不得。她首先告诉妈妈,根据自己判断,埃尔维斯对她是真心实意,很喜欢她,尽管外界有不少干扰和猜疑。因为他看重她的家庭背景和她本人的真情。她父亲是德高望重、驻西德的美国空军上尉,在卫国持家方面均有建树,使他感到荣幸,而她母亲的待人接物、与人为善让他觉得温暖。她本人在他眼里是个美丽的纯情少女,而她自己对歌王奉若神明,情有独钟。她对他的喜爱来自对他的崇拜,既在歌曲演唱方面,也在外貌及人格魅力上。他对她的喜爱源于她的美丽、纯情及随和。他觉得她模样俊俏,活泼可爱,蓝色的大眼睛、微翘的直鼻以及稍卷的长发尤其动人。他曾肯定地说,要把西拉这位纯情少女打造成他的理想情人,故而很关心她的成长,对她体贴入微,包括她的生活方式、求学途径、仪表举止以及娱乐情趣等。最后,西拉恳求妈妈同意埃尔维斯提出的要求,并去说服父亲,让女儿安定幸福成长,不致悔恨终身。

仁慈的妈妈和严厉的爸爸,权衡利弊、犹疑再三之后,终于同意普雷斯利家提出的要求,答应让普里西拉在1962年暑假后去孟菲斯,寄居弗农家,继续求学。

8月下旬,埃尔维斯已为西拉归国求学事宜做好准备,很快送来两张机票。上尉向驻德美军有关机构请了几天事假,陪女儿直飞洛杉矶。这期间,埃尔维斯正好在好莱坞拍摄影片《阿港趣游》。不过,他还是请了两天假,热情接待、陪伴他们父女两人并完成其加州之行。

埃尔维斯做了一次完美的东道主。首先请他们下榻于豪华的贝尔航空沙滩旅馆,来往接送亲自开车,不用平时常用的洁白劳斯莱斯轿车,而用他那心爱的金色凯迪拉克。两天里,这金光闪亮的"神驹"领引他们畅游了西海岸,饱览了旅游胜地马利布以及好莱坞的风光。

鉴于影片拍摄期间不宜请长假,埃尔维斯请父亲弗农陪同上尉及西拉乘班机直飞孟菲斯,帮助落实西拉的寄居与升学之事。她寄居在他爸爸和继母之家,离雅园不太远,就读的学校是孟菲斯最有名气的一所天主教教会女子中学。这两处上尉视察过后点头称赞,普里西拉终于如愿以偿。

西拉寓居孟菲斯的当晚,埃尔维斯就打来电话,问长问短,安顿是否周到,她和她父亲都如实作答,事情都已安排好。至于西拉上学的交通问题,由于她人生地不熟,暂时由弗农每天开车去接送她,以后她可自驾。

在学校里,由于她衣着入时,派头十足,逐渐引起同学们的注意,有人甚至在她背后指手画脚地议论。有一次,一张纸条在自修室里传来传去,最后掉在地上,同学们下自修课都走开了。她把纸条捡起一看,感到非常意外,上面写着:"据说她是歌王埃尔维斯的女朋友,下次跟她结识搞熟,力争去见他,这样才妙呢!"此后,她在学校里经常自我封闭,不敢与同学过多接触,不愿跟他们多说话,生怕她与歌王的私交被公开、被干扰。她先前没想到,回国读书,身边竟会出现这么多竞争者。

在学校与同学交游不广、交谈不多,她觉得颇为气闷,放学回到他爸妈家里也嫌孤单无聊。她把这怨气向埃尔维斯吐露后,他俩想出一个一劳永逸的妙招,干脆让她搬进雅园,入住主楼,但要保密。对此举措,他的父亲和继母当然给予积极配合,始终没对外透露。

入住他家以后,她的怨气一吐而散,随之而来的是阵阵福气。雅园的居住者都是埃尔维斯的至亲好友,关系密切,情谊深厚,相处融洽;雅园内环境优美,空气清新,西拉觉得这儿简直是块福地。每当埃尔维斯去好莱坞拍摄影片或外出办事期间,西拉并不觉得太寂寞,她有好几个人可做伴。

首先是埃尔维斯的奶奶明妮·梅·普雷斯利,她对西拉疼爱有加,觉得她纯洁可信,情意绵绵,可做孙儿知己,欢迎西拉常来做客。其次是埃尔维斯的两个女秘书,贝吉·杨西和帕齐·普雷斯利。帕齐是埃尔维斯的堂妹兼表妹,她的父亲是弗农的弟弟维斯特尔,她的母亲是格拉迪斯的妹妹克勒蒂斯,上一代亲上加亲使得下一代更加亲,西拉喜欢去秘书处与帕齐和贝吉做伴就不足为奇。不管是工作时间还是业余时间,帕齐在西拉身边,埃尔维斯的至亲与知己,就是这样相依相伴。

除了她们以外，西拉还有个好朋友经常陪伴她，这就是埃尔维斯作为圣诞礼物赠送给她的霍利，它是一只漂亮、丰满、可爱的卷毛狗，既是她的宠物，也是她的保镖。

寓居雅园之后，西拉当然有她自己的卧室。这个大户人家的房间够她享用，宽敞而典雅，设备一应俱全。但是，偌大的房间只有她一个人独居，委实怪冷清。她日夜期盼的是埃尔维斯的休假和归来。

20 世纪 60 年代是埃尔维斯在好莱坞大展宏图的时期。1960—1963 年期间，他每年主演两部影片，1964 年起他每年拍 3 部影片，还要灌制许多唱片，平时确实比较忙碌，经常周旋于摄影棚、录音室、办公室以及旅馆。但是，逢节假日或拍片间隙，他还是争分夺秒地赶回雅园与西拉团聚，品尝新婚般的生活乐趣。

重返影城

20 世纪 60 年代，埃尔维斯演艺事业的重点转入电影。这十年里，他来去匆匆，在好莱坞拍了 27 部电影。

1960 年 5 月下旬开拍的电影名叫《从军曲》(*G. I. Blues*)，

由哈尔·沃利斯为派拉蒙影片公司制作。故事的情节仍是老一套,因人而设,依样画葫芦,这次甚至有过之而无不及。该片的主人公是位歌手,入伍后被编进美军一个坦克师,派驻西德。这跟埃尔维斯的经历居然一模一样。

埃尔维斯在影片中扮演的角色名叫图尔瑟·麦克莱恩,他是个活泼热情、认真负责、能弹会唱的美国大兵。他和他的长官及伙计都穿着整齐的米色咔叽军装,系着黑色丝绸领带,为基地的工作、生活及娱乐而奔忙着。《从军曲》被拍成一部音乐喜剧片。埃尔维斯在片中先后唱了 11 首歌曲。影片主题曲叫《从军曲》,跟片名一样。埃尔维斯的形象变了,那低鬌包头的发型不见了,扭摆屁股的动作也没了。虽说歌曲的节奏仍显快捷,但其音调比较柔和悦耳,不再那么狂野放纵。

该片于同年 11 月 23 日在全美公映,获得巨大成功,其上座率在当年影片排行榜中名列前茅。根据影片原声制作的歌曲专辑发行后十分抢手。一箭双雕,已成他们企业的运作模式。

更有甚者,时隔不久,RCA 又为《从军曲》发行首张视盘,开创美国影碟制作之先河。

影片中埃尔维斯唱了下列 11 首歌曲:

1. "What's She Really Like"(她到底喜欢什么)

2. "G. I. Blues"(从军曲)

3. "Doing the Best I Can"（尽力而为）

4. "Blue Suede Shes"（蓝色麂皮鞋）

5. "Frankfort Special"（法兰克福特的特产）

6. "Shoppin' Around"（逛商场）

7. "Tonight Is So Right for Love"（今宵值千金）

8. "Wooden Heart"（呆板的心）

9. "Pocketful of Rainbows"（彩虹袋）

10. "Big Boots"（大靴子）

11. "Didja Ever"（你曾否）

1960 年底，埃尔维斯主演的另一部电影放映了，片名是《火红的星》（*Flaming Star*），由 20 世纪福克斯影片公司制作发行。这是一部题材较严肃的西部片，触及美国民权运动时期的种族歧视问题。埃尔维斯在片中扮演佩斯尔·伯顿，一个混血儿，其父是白人，其母是印第安人。

这部电影的导演和其他演员在好莱坞也稍有名气，埃尔维斯也全心投入，但影片公映后，不太叫座，票房价值不如《从军曲》那么高。其原因之一是埃尔维斯没有充分发挥他的强项，只唱了两支插曲。一支与片名一样，也叫"Flaming Star"，另一只是"A Cane and a High Starched Collar"（手杖与高浆领）。

接下去的一部影片于 1961 年 6 月推出,名为《乡村的狂野》(*Wild in the Country*)。故事背景设定在美国南方一穷乡僻壤。男主人公是鲁莽帅哥格伦·泰勒,少年时曾失足进过教养院,后来先后遇见三个性格迥异的女子并与他们产生纠葛。泰勒是个严肃的角色,埃尔维斯也认真地扮演了,但观众的反应不够热烈,也许影片故事不合影迷、歌迷们的胃口,区区 4 支插曲过于平淡、沉闷,提不起观众的兴致。

这 4 支歌曲是:

1. "Wild in the Country"(乡村的狂野)

2. "I Slipped, I Stumbled, I Fell"(我滑了,绊了,摔倒了)

3. "In My Way"(我行我素)

4. "Husky Dusky Day"(阴沉昏暗的一天)

两部影片在市场上反应不强烈,赢利不甚多,接下来一部影片则反响强烈,赢利甚多。

这部影片是《蓝色夏威夷》(*Blue Hawaii*),由派拉蒙公司耗资一百万美元、聘请哈尔·沃利斯先生精心制作。该片于 1961 年 3 月中旬在实地开拍。大家知道,夏威夷是美国于 1959 年刚设立的第 50 个州,地处北太平洋,由许多岛屿组成,环境优美,风光旖旎,乃合众国海域上的一颗明珠。它那绵延不断的金色沙滩、翠绿茂密的森林和陡峭险峻的山峰早已闻名遐迩。

在这景色如画、风情似火的新天地里,好莱坞的大亨们抓住这个商机,以大手笔、大明星、大制作推出了《蓝色夏威夷》。

埃尔维斯在片中扮演当地一个富有的菠萝种植园主的儿子查德·盖茨。他不愿继承父业,喜欢与朋友徜徉于沙滩上,尽情弹拨吉他,大唱爱情歌曲,大跳土风呼啦舞,陶醉于大自然的怀抱中,后来成为夏威夷群岛一个著名的旅游向导,并获得美满爱情。

这可说是一部情调别致的音乐风光片。夏威夷美丽动人的自然风光、激情奔放的音乐舞蹈以及埃尔维斯唱的 14 首动听歌曲,使影片取得巨大成功,其票房高达五百多万美元。

这 14 首歌曲后来成为埃尔维斯演艺事业中的一座里程碑,承前启后,继往开来,引导他摆脱了粗野的台风,抒发了高雅的情怀。

14 首歌曲中最欢快动人的是电影的同名主题曲《蓝色夏威夷》。另外一些歌曲也是珍品,多年来一直脍炙人口,诸如《不禁陷入情网》("Can't Help Falling in Love")、《依旧真诚》("Almost Always True")、《宝贝,来跳草裙舞》("Rock-a-Hula Baby")、《月光下畅游》("Moonlight Swim")、《夏威夷日落》("Hawaiian Sunset")、《夏威夷婚礼曲》("Hawaiian

Wedding Song")等等。

　　该片是同年 11 月 22 日开始公映的。它给当年美国传统节日——感恩节和圣诞节——平添了许多喜庆气氛,为大多数国民所津津乐道。《蓝色夏威夷》在展示美利坚歌舞升平的太平盛世的同时,似乎也预示了光明的未来。

　　《蓝色夏威夷》的大获成功使派拉蒙电影公司名利双收。于是,这种类型的电影就成了埃尔维斯主演影片获取成功的模板。其构成的三要素是:音乐、爱情、喜剧。

　　此片过后,影片公司如法炮制,让埃尔维斯又拍了许多部同类影片。这确实给派拉蒙、米高梅、联艺等影片公司带来巨大收益。但在给埃尔维斯带来物质享受的同时,也带来了精神痛苦——像玛丽莲·梦露一样,他过后悔恨自己始终没机会认真演戏,未能成为优秀演员,只能时常身不由己地扮演自己并不喜欢的角色,强颜欢笑地演唱自己并不欣赏的歌曲。

　　这部影片共提供了下面 14 首歌曲:

　　1.“Blue Hawaii”(蓝色夏威夷)

　　2.“Almost Always True”(依旧真诚)

　　3.“Aloha Oe”(阿洛哈旋风)

　　4.“No More”(不再有)

　　5.“Can't Help Falling in Love”(不禁陷入情网)

6. "Rock-a-Hula Baby"（宝贝，来跳草裙舞）

7. "Moonlight Swim"（月光下游泳）

8. "Ku-u-i-Po"（库依波）

9. "Ito Eats"（伊藤吃了）

10. "Slicin' Sand"（散开沙子）

11. "Hawaiian Sunset"（夏威夷日落）

12. "Beach Boy Blues"（沙滩男孩布鲁斯）

13. "Island of Love"（爱之岛）

14. "Hawaiian Wedding Song"（夏威夷婚礼曲）

再接再厉

《蓝色夏威夷》的轰动效应启发了好几家影片公司，不只是派拉蒙，还有米高梅、联艺等。顺应上述的制作模式，抓住三大要素，好几家电影公司向埃尔维斯抛出一个个"绣球"，要求"联姻"。埃尔维斯天生是个多情郎，有来者，则不拒。于是，在过后的 8 年中，他马不停蹄、洋洋洒洒地又主演了 23 部电影。基本上每年推出 3 部。

1962 年带来《追随梦想》(*Follow That Dream*)、《加拉哈德小伙子》(*Kid Galahad*) 和《女孩！女孩！女孩》(*Girls!*

Girls！Girls！)三部影片。

《追随梦想》是联艺影片公司根据 1957 年出版的小说《头儿，回家吧》(*Pioneer,Go Home*)改编摄制的。

影片中有 5 首插曲：

1."What a Wonderful Life"(美好的生活)

2."I'm Not the Marrying Kind"(我不要结婚)

3."Sound Advice"(忠告)

4."On Top of Old Smokey"(老警官头上)

5."Angel"(天使)

在影片《加拉哈德小伙子》中埃尔维斯出演年轻的战斗机飞行员沃尔特·格利克。他是第二次世界大战太平洋战区的美国空军英雄，曾击落日军飞机 7 架，炸沉日军驱逐舰两艘。退役后步入拳坛，成为中量级拳击手，几经磨炼，最后成为拳王，并获得爱情。影片可说由空战、海战、拳赛、爱情——当然，还有情歌——交织而成。

片中埃尔维斯唱的歌曲有 6 首：

1."King of the Whole Wide World"(世界之王)

2."This is Living"(这就是生活)

3."Riding the Raibow"(驾游彩虹)

4."Home Is Where the Heart Is"(系恋家乡)

5. "I Got Lucky"(我走运了)

6. "A Whistling Tune"(口哨吹曲调)

　　《女孩！女孩！女孩！》是部美女如云、景色如画、气氛热烈、动感十足的五彩歌舞大片。埃尔维斯扮演帅哥鲁斯·卡朋特(Ross Carpenter)，在大唱情歌之时，也跳了扭摆舞(the twist)。此片外景拍摄于夏威夷。1962 年初春，当埃尔维斯抵达该地机场时，被数千歌迷团团围住，动弹不得。粉丝们群情激昂，欣喜若狂，有人竟紧抱歌王，连抢带扒地摘去他的钻石戒指、领带别针及金表。

　　影片中，他多次引吭高歌，共计 13 次：

1. "Girls! Girls! Girls!"(女孩！女孩！女孩！)

2. "I Don't Wanna Be Tied"(我要自由自在)

3. "We'll Be Together"(永不分离)

4. "A Boy Like Me, a Girl Like You"(男孩像我，女孩像你)

5. "Earth Boy"(尘世男孩)

6. "Return to Sender"(退回寄信人)

7. "Because of Love"(为了爱)

8. "Thanks to the Rolling Sea"(由于滚滚海涛)

9. "Song of the Shrimp"(海虾之歌)

10. "The Walle Have Ears"(隔墙有耳)

11. "We're Coming in Loaded"（我们挤满了）

12. "Dainty Little Moonbeams"（娇柔的月色）

13. "Girls! Girls! Girls!"（女孩！女孩！女孩!)

1962 年埃尔维斯影片的票房号召力果然不赖,特别是该年度的第三部。《女孩！女孩！女孩!》于 11 月 21 日在全美公映,到年底,仅过 40 天,其票房收入高达二百五十多万美元,在全美影视界名列前茅。

于是,翌年伊始,两家好莱坞大公司酝酿大手笔、大制作,米高梅不久推出《世博会轶事》(*It Happened at the World Fair*),派拉蒙奉献了《阿港趣游》(*Fun in Acapulco*)。

影片《世博会轶事》非同凡响,世博会的场景不是临时搭凑起来的,而是货真价实的。原来,那年在西雅图,美国正举办世界博览会,场景、人物,全是现成的,实实在在的,无须制作,不用花钱。然而,实地拍摄时,情况不像电影公司想象的那么平静简便。得知埃尔维斯来拍电影,在场的人们都紧紧围上来,嚷啊,呼啊,"埃尔维斯","亲爱的,来唱一首"。翌日,为能顺利拍摄,电影公司特别请了 100 位警官维持秩序,另外,又请来 6 位便衣当贴身保镖。电影公司真是弄巧成拙,反而大大破费了。

不过,实地拍摄的收获也不小,这次世博会的许多新场景在影片中保留了下来,例如:单轨车之游(Monorail Ride)、空中游览车(Skyride)、梦幻汽车展(Dream Car Exhibit)、主题大厦(Theme Building)、太空针(Space Needle)……不一而足,都留下了珍贵的影像。

在影片中,埃尔维斯高歌 10 曲:

1. "Beyond the Bend"(弯道远处)

2. "Relax"(放松)

3. "Take Me to the Fair"(去看世博会)

4. "They Remind Me Too Much of You"(深深想念你)

5. "One Broken Heart for Sale"(待售破碎的心)

6. "I'm Falling in Love Toight"(今晚我陷入情网)

7. "Cotton Candy Land"(棉花糖之乡)

8. "A World of Our Own"(我们的世界)

9. "How Would You Like to Be"(你喜欢怎样)

10. "Happy Ending"(幸福结局)

此年完成的另一部影片《阿港趣游》的制作过程也蛮有趣。阿卡普尔科(Acapulco)是墨西哥南部的一个海港城市,该片描述的趣闻逸事虽发生在这港市,但主角埃尔维斯以及其他演员压根就没去墨西哥拍摄此片,几乎所有场景都是在好莱坞的摄影棚里拍摄的,唯一真实的是影片头尾的几个外景,这是公司派人去墨西哥实地拍摄的。虚实拼凑,以虚为主,实乃好莱坞制作手法的一大独创。

有关这部影片,另有一事也很令人发噱。这几年来,埃尔维斯连续拍了不少影片,虽然故事情节平庸得很,他的演技长进不大,但其歌声魅力依旧。只要他笑眯眯地多唱几首情歌,影片就叫座,票房就看涨。然而,1963年年终结账时,公司的董事们却发现这部片子的收入不涨反跌。放映了六个星期,总收入只有150万美元。令人大跌眼镜,百思不解。

此时,突然有一人像哥伦布发现新大陆似的一口咬定:"现在,我发现了原因所在。请问,这是埃尔维斯主演的第几部影片?"

"13。"一位熟知他影坛生涯底细的董事答道。

"还有,这部片子里他唱了几支歌?"

"13。"一个负责音乐制作的董事脱口而出。

"请看,这部片名中有多少英文字母?"

"13。"有人数了以后笑着说。

"对了,13,又是一个13。这些难道是巧合吗?这难道不能说明问题吗?这难道是个吉利的数字吗?"

顿时,与会诸君为之愕然,有的信以为真,有的半信半疑。

以下是影片中的那些歌曲:

1. "Fun in Acapulco"(阿港趣游)

2. "Vino,Dinero Y Amor"（维诺,迪内罗和阿莫）

3. "I Think I'm Gonna Like It Here"（我会喜欢这儿）

4. "Mexico"（墨西哥）

5. "El Toro"（厄尔·托罗）

6. "Marguerita"（玛格丽塔）

7. "The Bullfighter Was a Lady"（女斗牛士）

8. "No Room to Rhumba in a Sports Car"（跑车已客满）

9. "Bossa Nova Baby"（宝贝博萨·诺瓦）

10. "You Can't Say No in Acapulco"（不要在阿卡普尔科说不）

11. "Guadalajara"（瓜达拉雅勒）

12. "Gulaguena"（古拉格纳）

13. "La Perla"（拉·佩雷）

不亦乐乎

1964 年,可说是埃尔维斯从影岁月中的大年。这年他先后给米高梅拍了两部、给派拉蒙拍了一部颇为轰动的大片,分别是《浪漫的表亲》(*Kissin' Cousins*)、《拉斯维加斯万岁》(*Viva Las Vegas*)以及《马戏团》(*Roustabout*)。

《浪漫的表亲》一片中，埃尔维斯身兼两职，扮演两人，表兄乔希·摩根及表弟乔迪·塔托姆。埃尔维斯生性活泼，能歌善舞，诠释这两个浪漫的角色，可说驾轻就熟，演来全不费力。这是一部角色众多、场面巨大、噱头迭出、情节离奇的闹剧，配上歌王的劲唱与扭摆，很快就把影片上座率提升到先前的高水平，年终结算时其总收入已超出三百万美元。

剧中他唱了这些歌曲：

1. "Kissin' Cousins"（浪漫的表亲）

2. "Smokey Mountain Boy"（雾山男孩）

3. "One Boy，Two Little Girls"（一男孩，两女孩）

4. "Catchin' on Fast"（抱紧些）

5. "Tender Feeling"（柔情）

6. "Barefoot Ballad"（赤脚者情歌）

7. "Once Is Enough"（一次足够）

8. "Kissin' Cousins，No. 2"（浪漫的表亲续集）

《拉斯维加斯万岁》，顾名思义，是的，这是一部展现美国"赌城"风貌、歌王风采、游乐风尚的大片。为出奇制胜，多获盈利，电影公司使出高招。米高梅这次公然派剧组人员亲赴实地拍摄，请主要演员入住赌城高级旅馆——埃尔维斯竟然住进撒哈拉旅馆的总统套房——以为影片制造声势。紧锣密鼓的策划,日以继夜的摄制,不到两个月此片就完成了。然后,佯称此片即将公映,实际上却把第一批全部拷贝运到东京、马尼拉、香港等远东地区先行公映,让本国观众对此片可"望"不可及,被吊足了胃口,这样佯放实收、后发制人的手法是好莱坞敛财的又一高招。公司年终结算时,此片进账近五百万美元。

这部片子不仅片名具有很大号召力,其内容也很丰富多彩。它把美国的生活方式、游乐设施、时尚文化表现得几近极致。有惊险刺激的竞技表演,包括斗剑、飞镖、射击、赛马、赛车等,有多种多样的休闲娱乐手法,包括自娱的、互娱的、观赏的、参与的、免费的、买票的、赌博的、抵押的等。当然,其中最具吸引力的还是舞台表演,特别是歌舞节目。

埃尔维斯在片中饰演男主角勒基·杰克逊,能歌善舞,风流倜傥;女主角拉斯蒂·马丁由安·玛格丽特(Ann-Margret)小姐扮演,她活泼可爱,同样擅长歌舞。他俩在该片"达人秀"(*Talent Show*)中的演唱后来被认为是两人演艺事业中成功的典范。与埃尔维斯配过戏的众多女演员中,观众与粉丝最看重的就是安·玛格丽特,后来索性称她为"女埃尔维斯"(Female Elvis)。她演唱时的嗓音节拍、舞蹈的动作姿态及她那欢笑迷人的眼神、争奇斗艳的劲头,都与埃尔维斯如出一辙,几乎是他的翻版,使她成为活灵活现的女性摇滚歌王。

影片中埃尔维斯唱的歌有9支：

1."Viva Las Vegas"(拉斯维加斯万岁)

2."The Yellow Rose of Texas"(得克萨斯的黄玫瑰)

3."The Lady Loves Me"(女士爱我)

4."C'mon Everybody"(大家加油)

5."Today, Tomorrow and Forever"(今天,明天,永远)

6."What'd I Say"(我说过什么)

7."Santa Lucia"(桑塔露西亚)

8."If You Think I Don't Love You"(我会不爱你吗)

9."I Need Somebody to Lean On"(我要个贴心人)

安·玛格丽特独唱下列前两首歌,与埃尔维斯合唱第三首：

1."My Rival"(我的对手)

2."Appreciation"(感谢)

3."The Lady Loves Me"(那位女士爱我)

在影片《马戏团》中埃尔维斯饰演的查利·罗杰斯与其说是马戏团的团员,不如说是个歌手。他所展示的功夫不大在手脚,而在嘴巴——通过嘴巴发出动听的曲调。此马戏团是在加州一家热闹的游艺场里演出的。该游艺场的总经理玛吉·摩根女士对查利的天分和表演颇有好感,极力提携,后来使他事业腾飞，生活美满。

影片中饰演玛吉·摩根的演员是好莱坞 20 世纪 30—40 年代大红大紫的女明星芭芭拉·斯坦威克（Barbara Stanwyck）。这位才貌双全的女子曾有过幸福美满的婚姻。她丈夫是好莱坞黄金时代享誉全球的英俊小生，即 1940 年经典影片《魂断蓝桥》（*Waterloo Bridge*）中男主角的扮演者罗伯特·泰勒（Robert Taylor）。1939 年，时年 32 岁的芭芭拉居然获得 28 岁帅小伙罗伯特的欢心，喜结连理，一时传为佳话，让众多窈窕淑女艳羡不已。

芭芭拉毕生演过许多戏剧、电影和电视剧，著名的影片有《贵妇伊弗》（*The Lady Eve*）、《火球》（*Ball of Fire*）、《双重赔偿》（*Double Indemnity*）等。《马戏团》是她的收官之作。

影片中埃尔维斯唱了下列歌曲：

1. "Roustabout"（马戏团）

2. "Poison Ivy League"（玷污常青藤名牌大学）

3. "Wheels on My Heels"（我蹬滑轮）

4. "It's Wonderful World"（神奇的世界）

5. "It's a Carnival Time"（嘉年华之时）

6. "Carny Town"（游艺城镇）

7. "One Track Heart"（小道中心）

8. "Hard Knocks"（重击）

9. "Liffle Egypt"（小埃及）

10. "Big Love, Big Heartache"（大爱，大痛）

11. "There's a Brand New Day on the Horizon"（崭新的一天）

20世纪60年代初，正当埃尔维斯忙于拍电影、疏于演唱之际，大西洋彼岸英国名港利物浦出现了披头士乐队（The Beatles，又称甲壳虫乐队）。这支由四个年轻人组成的乐队很快风靡西欧，席卷美国，几乎动摇了"猫王"在流行乐坛上的霸主地位。1964年他们初访美国，轰动一时。

翌年8月他们又来了。这次，由双方经纪人——对方经纪人是布赖恩·爱泼斯坦先生——商定，于8月27日10时，埃尔维斯在雅园会见四位"披头士"：约翰·列侬（John Lennon）、保罗·麦卡特尼（Paul McCartney）、乔治·哈里森（George Harrison）和林戈·斯塔尔（Ringo Starr）。双方见面当然少不了微笑、握手、问候、寒暄，但埃尔维斯的心情是复杂的。"同行是朋友，也是冤家。"此时，披头士如日中天，他却显得黯然失色，但又不甘心。好在这四位乐坛的后起之秀对海外的这位师兄还是很敬重的，约翰·列侬就说过："我听了埃尔维斯的歌曲之后深受其影响。要是没有埃尔维斯，也就不会有披头士乐队。"这支乐队确实是受埃尔维斯的影响走到一起的，但有所不同的是：他们组成自己的摇滚乐队，唱自己创作的歌曲，穿自己设计的服饰，留自己的发型，演自己的风格。这支全身上下服饰乌黑闪亮得像甲壳虫、披头散发酷似颓废派的四人乐队，在风格、气势、情调方面，大有后来居上之势。他们的名曲：《爱我吧》("Love Me Do")、《请让我开心》("Please Please Me")、《从我到你》("From Me to You")、《她爱你》("She Loves You")和《我要握你的手》("I Want to Hold Your Hand")在美国各地已广为传唱，风靡一时。

这次会晤是融洽的，甚至是热烈的，一直持续到半夜两点钟。话匣子打开后，大家也就一见如故了。先是彼此谈见闻，客人盛赞美国歌迷之热忱，故今年重访，主人言及早想赴欧访英，但因汤姆·帕克上校顾虑重重，一直未能成行。然后他将自己珍藏的几张著名歌手的唱片拿出与客人边听边议、共同欣赏。接着，当代摇滚乐坛这五大天王灵感大发，即兴共同演唱了西拉·布莱克的名曲《你是我的一切》("You're My World")，埃尔维斯仍旧边弹边唱，不过这次不是弹吉他，而是弹钢琴，后来又敲起鼓，边打边唱，手法不时变换，笑声持续不断。

在欢歌笑语中，四人煞有介事地邀请埃尔维斯加入披头士乐队，以圆其梦。埃尔维斯听后惊叹道："是真的吗？收入怎么分成？我拿大头，八成怎么样？"戏言至此，大家笑得前仰后合，乐不可支。真如孔子所言："有朋自远方来，不亦乐乎。"

潇洒依旧

1965年,埃尔维斯的影艺事业继续推进,他又主演了三部影片。一部是米高梅公司出品的《快乐女孩》(*Girl Happy*),另一部是联艺影片公司制作的《逗我乐》(*Tickle Me*),第三部仍是米高梅的,片名叫作《冒失鬼》(*Harum Scarum*)。

《快乐女孩》是一部描绘一群少女外出旅游,欢度假日的喜剧。埃尔维斯饰演男主角拉斯特·韦尔斯,此人是芝加哥一家夜总会小乐队的台柱,弹唱摇滚乐的高手。女主角瓦莱丽·弗兰克由谢利·弗伯里斯(Shelley Faberes)担任。她相貌秀丽,颇具魅力,把一个音乐专业的女大学生演得惟妙惟肖,人见人爱。由于与埃尔维斯的合作,旗开得胜,弗伯里斯小姐后来又被邀请与埃尔维斯合演两部电影,再铸辉煌。

影片中埃尔维斯极其潇洒地唱了11首歌曲:

1. "Girl Happy"(快乐女孩)

2. "Spring Fever"(春之痴狂)

3. "Fort Lauderdale Chamber of Commerce"(商会城堡抒情)

4. "Starting Tonight"(今晚开始)

154

5. "Wolf Call"（狼的呼号）

6. "Do Not Disturb"（别打扰）

7. "Cross My Heart and Hope to Die"（画十字，上西天）

8. "The Meanest Girl in Town"（城镇少女）

9. "Do the Clam"（品尝蛤肉）

10. "Puppet on a String"（连线的木偶）

11. "I've Got to Find My Baby"（寻找宝贝）

　　影片《逗我乐》中,埃尔维斯扮演朗尼·比尔。这个出身于一贫穷家庭的朴实小青年为寻求工作,来到西部城镇朱尼韦尔斯,终于在巴比牧场的"科罗尔"酒吧找到一个服务员的空缺,同时要兼顾照料牧场主的一匹马。由于心地善良,能做肯干,不仅得到牧场主的赏识,也获得附近一富家女帕姆·马里特小姐的好感和青睐,最后两位年轻的有情人终成眷属。

　　这部剧情动人、演绎上佳、歌舞依旧的影片为联艺公司创造不少收益。埃尔维斯个人报酬也有 75 万美元,外加净利中 50％的奖金。

　　下面 9 首歌曲是影片中的插曲:

1. "Long, Lonely Highway"（漫长而冷清的公路）

2. "It Feels So Right"（感觉真好）

3. "Easy Question"（问题简单）

4. "Dirty，Dirty Feeling"（非常难受的感觉）

5. "Put the Blame on Me"（责怪我吧）

6. "I'm Yours"（我是你的）

7. "Night Rider"（夜晚骑手）

8. "I Feel That I've Known You Forever"（永不忘记你）

9. "Slowly but Surely"（缓慢而确定）

影片《冒失鬼》描绘的是阿拉伯王国宫廷倾轧、社会混乱、民不聊生的故事。约翰尼·蒂龙（埃尔维斯扮演），一个来自近东、能歌善舞的犹太青年，应邀来此王国旅游，荣幸地成为国王的座上宾，并邂逅了公主沙里玛。影片中频见喜庆欢乐、歌舞升平的景象，但也充斥争斗、杀戮的镜头，使人感到既轻松愉快，又紧张刺激。此项摄制手法乃好莱坞聚财基本伎俩。米高梅这次照用不误，收益不差。

埃尔维斯所唱的歌曲计有：

1. "Harem Holiday"（哈伦假日）

2. "My Desert Serenade"（沙漠小夜曲）

3. "Go East，Young Man"（年轻人，朝东走）

4. "Mirage"（幻境）

5. "Kismet"（天命）

6. "Shake That Tambourine"（摇晃铃鼓）

7. "Hey, Little Girl"（嘿，小姐）

8. "Golden Coins"（金币）

9. "So Close, Yet So Far"（可望不可及）

1966 年，埃尔维斯又拍了三部影片，分别是《弗兰基与约翰尼》（*Frankie and Johnny*）、《夏威夷式天堂》（*Paradise, Hawaiian Style*）以及《回形滑行》（*Spinout*）。

《弗兰基与约翰尼》是一部历史传奇片，描绘 19 世纪初期在密苏里州出现的两个美国民间传奇人物：弗兰基小姐和约翰尼先生。该州过去大概确有其人，因人们在密苏里州府大厦里发现过弗兰基与约翰尼的壁画。弗兰基出身名门，活泼可爱，约翰尼才艺出众，喜唱爱赌，二人被誉为当地的金童玉女，天生一对。

男主角约翰尼先生唱了 12 支歌曲：

1. "Come Along"（来吧）

2. "Petunia, the Gardener's Daughter"（矮牵牛花，园丁之女儿）

3. "Chesay"（吉卜赛人好运）

4. "What Every Woman Lives For"（女人一生为啥）

5. "Frawkie and Johnny"（弗兰基与约翰尼）

6. "Look Qut, Broadway"（瞧呵，百老汇）

7. "Beginner's Luck"（开门红）

8. "Down by the Riverside"（河滨徜徉）

9. "Shout It Out"（呐喊）

10. "Hard Luck"（不走运）

11. "Please Don't Stop Loving Me"（请别抛弃我）

12. "Everybody Come Aboard"（大家上来）

《夏威夷式天堂》是派拉蒙公司在中太平洋"多岛群岛"波利尼西亚拍摄的一部风光故事片。作为故事片，其情节一般，但其风光，倒是挺"风光"。

故事是围绕一对青年男女的工作、生活、娱乐、恋情展开的。埃尔维斯扮演一家旅游航空公司的直升机飞行员里克，女明星苏珊娜·利饰演该公司的女秘书朱迪，两人情感的升华过程未能脱俗，始而邂逅，继而交往，过后出现误会、危机，最后冰释前嫌，皆大欢喜。

影片的风光却非同凡响，场景涵盖了波利尼西亚景致的精华。我们知道，波利尼西亚实际上是众多群岛的总称，它包括夏威夷群岛、萨摩亚群岛、汤加群岛等。片中那诱人的湖光山色、花草树木以及人们的欢声笑语、载歌载舞都是这里得天独厚的自然与人文景观的融合和展示。

片中人物主要的游乐场所在"波利尼西亚文化中心"，这个景色秀丽、内涵深厚、活动多样的新天地给埃尔维斯的歌曲增色不少，也让派拉蒙的收入提升不少。

影片里可听到里克欢唱的歌曲：

1. "Paradise, Hawaiian Style"（夏威夷式天堂）

2. "Queenie Wahini's Papaya"（女王的祈祷）

3. "Scratch My Back……"（礼尚往来）

4. "Drums of the Islands"（岛群鼓声）

5. "A Dog's Life"（狗的生活）

6. "Datin"（约会）

7. "House of Sand"（沙屋）

8. "Stop Where You Are"（你停住）

9. "This Is My Heaven"（我的天堂）

影片《回形滑行》的命名很有创意，直接用赛车行当里的一个英语俗语 Spinout，形象逼真，富有动感，不啻画龙点睛。

这部片子于 1966 年 11 月下旬在全美公映，也很轰动。年底在英国上映时，片名改头换面，成为《加州假日》（*California Holiday*）。很明显，制片商想借经典片名《罗马假日》的风头来给此片造势。后来，声势是造了一些，但没那么经典。毕竟它没有那么高雅风趣、生动离奇、耐人寻味。

影片《回形滑行》当然也有亮点，那就是男主角迈克·麦考依（由埃尔维斯扮演）的载歌载舞，女主角辛西娅·福克斯哈（由谢利·费伯里斯饰演，二度合作）的柔情蜜意，越野赛车的疾驰狂飙，以及赛车观众的下注豪赌。

片中几支歌名如下：

1. "Spinout"（回形滑行）

2. "Stop, Look and Listen"（停，看，听）

3. "Adam and Evil"（亚当与坏蛋）

4. "All that I Am"（我就是这样）

5. "Never Say Yes"（永不说是）

6. "Am I Ready"（我已准备好）

7. "Beach Shack"（沙滩小木屋）

8. "Smorgasbord"（丰盛的自助餐）

9. "I'll Be Back"（我就回来）

喜结良缘

1966年圣诞节前几天的一个夜晚，埃尔维斯来到普里西拉的卧室门前，轻轻叩了一下房门，神气十足地说："西拉，我有话跟你说，快开门。"

他的脸上泛起男孩般的欢笑，双手放在背后："坐下，宝贝,闭上眼睛。"于是,她就紧闭双眼。

稍后,她睁开双眼,发现他跪在自己面前,手里捧着一个小小的黑丝绒盒子,双眼凝视着自己:"这是送给你的,亲爱的。"

她打开一看,里面放了自己从未见过、极其漂亮的钻石戒指,戒指表面嵌了一颗大钻石——其重量竟达 3.5 克拉,周围镶了一圈小钻石。她不禁惊喜交集。

"西拉,我曾经跟你说过,一旦时机成熟,我们的终身大事就会办。如今,我看时机差不多了,让我们先订婚吧,你愿意吗,亲爱的?"

"愿意,完全愿意,亲爱的。"她说着深情地亲吻他,他也紧紧搂着她。

然后,他给她戴上这金灿灿的大戒指。她顿时心花怒放,欣喜若狂。这真是她一生中最光辉、最浪漫的时刻。

这时,她浮想联翩,感慨万千。他们的亲密关系不再需要保密。她将以埃尔维斯·普雷斯利太太的身份自由自在、堂而皇之与他外出旅游,无须惧怕媒体妄自散布谣言,尤其使她欣慰的是,她那担心埃尔维斯被别的女人夺去的恐惧可以消除了。

他们随即想到要把这天大的好消息告诉长辈。当然首先得向埃尔维斯的祖母和父亲禀报。这很方便,就在自己家,无需外出,他们立即匆匆跑到奶奶、爸爸面前,显示西拉手指上的钻石戒指,宣布他们的订婚。他的奶奶、爸爸非常高兴,连声祝贺。至于西拉的双亲,埃尔维斯不想打电话通知,觉得这样不够慎重与尊敬,而想着约好见面时,亲自向她父母亲请求。

接下来的一个周末下午,他俩终于将西拉父母请来,大家欢聚一堂。

"现在,请你们看一样东西。"埃尔维斯一本正经地对两位说,一边握着西拉的右手。

"是什么?"上尉夫妇几乎同时问道。

"西拉,展示吧。"她立即伸出右手,金光四射的钻石戒指闪现眼前。

"噢!"她妈妈首先感叹,"真漂亮。"她爸爸看了直笑,一边点着头。

"对了,这是一只订婚戒指。不知双亲同意与否。"埃尔维斯说。

"好。"双亲此时不假思索,脱口而出。

与其说二人不胜喜悦,不如说他们如释重负。几年来的担心与忧虑终于可以基本解除了。如今已见金光,但愿灿烂而永恒的曙光可望亦可即。

接着,埃尔维斯对未来的丈人、丈母娘谈了他和西拉的打算。他们不想公开两人订婚的消息,想严加保密,以便婚事顺畅进行。即使对西拉的弟妹及其他亲人,也不予透露,以免外传引起媒体炒作。对此,两位不仅没有异议,反而夸奖未来女婿想得周到。至于婚期,他们想订于1967年春季。一年之计在于春,风和日丽,春意盎然,乃成婚的最佳时机,不可错过。谈及婚礼,他们不准备大肆操办,只请至亲好友出席,一般朋友、熟人不便惊动,否则规模过大,很难实施,恐有怠慢。埃尔维斯的设想谈得头头是道,老丈人听得喜上眉梢,女婿不但歌喉出众,而且办事妥帖。

在皆大欢喜的氛围中,他俩欢送了她的父母亲,过后不久开始考虑婚事。埃尔维斯认为,新娘的婚纱得尽快先准备好。其理由是,一旦订婚消息走漏,他俩可以在报纸上登一则相关的通告后立刻结婚,抢先办完婚事,免得节外生枝,难以收拾。于是,西拉启程寻觅婚纱。

她把婚纱之行的目的地选在了洛杉矶,这个美国西海岸最繁华的大都市也许可以给她提供一套最漂亮、最称心如意的结婚礼服。埃尔维斯不便亲自陪伴选购,就委托助手查利代劳。于是,这位老实巴交、忠心耿耿的小伙子装扮成她的未婚夫,伺候于她身旁,她自己戴上墨镜和帽子——生怕被熟人认出。在该市商业区鳞次栉比的服装大厦和婚纱专卖店里,面对各种款式、不同色泽的婚宴礼服,西拉东找西寻,精挑细选,但始终觅不到让自己称心如意的一款,不是太老式,就是新的过火;不是质地较差,就是做工欠佳,小家碧玉在时尚中心一时竟然买不到合适的嫁衣,委实是一憾事。

最后店内有一位热心的顾客向她提议去邻近一家不太大的时装婚纱店看一看。她致谢后随即去了这家。在不出十分钟的挑选中,她相中了一套,这套婚纱美而不艳,俏而不俗,款式典雅,色泽洁白,纱质上乘,制作精良。

当她披上这套婚纱轻快地走出更衣室,查利看得入神,称赞道:"你看起来真漂亮,博利厄小姐。埃尔维斯一定会为你自豪。"

喜获嫁衣,不虚此行,西拉倍感振奋。埃尔维斯也乐在其中,继续在好莱坞准备拍摄其 1967 年领衔主演的第一部影片《来得容易,去得快》(*Easy Come , Easy Go*)。

二月里的一天,适逢假期,埃尔维斯偕西拉外出游玩,在密西西比州驱车观光时,看到一片景色迷人的牧场——周围是起伏的山峦,绵延约 160 英亩。一群圣格特鲁牛在场地上吃草。狭长的湖泊上有一座桥,附近场地上是一排有许多隔间的马厩和牛棚,远处还有一幢位置极佳、式样美观的小楼房。牧场正在出售。

他俩在多次闲聊中都提及想找一幢小别墅,地处城外,环境优美,空气清新,水源纯净。为圆此梦,他们曾多次特地开车出去寻找,但往往高兴而出,却败兴而归。这次外出,未敢抱什么希望,但却获得意外惊喜。真所谓,有心栽花花不发,无意插柳柳成荫。不但发现这座别墅,而且还有大片场地和隔间马厩可供养马、跑马之用。如果买进这笔房地产,配足马匹与马具,就有了自己独一无二的小天地,他俩可以骑马作乐,共享清福,也可以与亲朋好友共同策马扬鞭,比试高低。

为实现这一宏愿,埃尔维斯只好拜托父亲包办这桩事。这使弗农很为难,全部开销——涵盖房地产、生活设施、马匹、马具以及有关设备的费用——约需 80 万美元。他一向俭朴,舍不得花钱,见儿子这般挥霍,又不能制止,很是心痛。再者,一下子拿出这笔巨款,也并非易事。无奈只好将豪宅作为抵押,贷款办好这桩事,让这对新人进入新天地,享受新生活。

埃尔维斯与普里西拉的婚礼最终订于 1967 年的 5 月 1 日。这一天本是国际劳动节,他们订于这天办终身大事,不是巧合,而是有意为之。不管如何,他们历时约 7 年,从德国的巴德纽黑姆到本国的孟菲斯,这漫长而曲折的恋爱历程委实够辛劳,应该获得这终身慰劳。

对于婚姻的传统仪式和礼节,普里西拉知之甚少,一时不知所措。幸亏好友琼尼·埃斯波西托欣然相助。她在密苏里州的圣路易斯长大,来自大户人家,颇有生活阅历,知晓婚事之操办。她首先介绍西拉去文具商店订制婚事专用信笺,包括精致的请帖、感谢信、留言簿以及各种有关的通告;然后带西拉到金银饰品店、礼品店及装饰店预订、采购相关的物品,为隆重的婚礼、亲友送礼会以及答谢会做充分准备。埃尔维斯则与帕克上校及助手、随从们忙里忙外，筹划、经办自己的婚事。

对于埃尔维斯的婚姻问题，经纪人汤姆·帕克上校一向很关心，其操心程度甚至大大超过他的父亲弗农。他曾经郑重其事地告诫埃尔维斯，30岁以前不要结婚，要专注事业，保持单身的吸引力，这对今后的发展和收入是至关重要的；30岁以后要择优而婚，不宜久拖，作为文化名人，要注重自己在社会上的形象，成家立业，相辅相成，才臻完善。这年年初，埃尔维斯认真考虑、痛下决心之后，才请上校为自己筹办婚事。

帕克上校是这样策划的：婚礼前两天，埃尔维斯和普里西拉开车去棕榈泉租用一幢新房，这样，爱打听隐私的新闻记者一旦得到风声就以为他们的婚礼将在棕榈泉这个旅游胜地举行。实际上，他们计划在大喜之日天亮前即起身，离开棕榈泉，飞往赌城拉斯维加斯，接着去市政厅，上午9时前办好结婚手续，领取结婚证书，然后进入阿拉丁旅馆（Aladdin Hotel），租用套房举行小规模的婚礼。最后——他们希望——当天夜晚神秘地飞回棕榈泉。

总体而言，这计划开展得还算顺利，尽管其中出现一些忙乱及遗憾，这是指进入旅馆后出现的情况。

阿拉丁旅馆是拉斯维加斯最豪华的旅馆，规模空前，设备齐全，造价高达8500万美元，当时的总经理是米尔顿·普雷尔先生。鉴于是埃尔维斯的大喜之日,他当天割爱把自己专用的豪华大套休闲中心让给这对新人享用,这给歌王的婚礼、婚宴增色不少。大厅里张灯结彩,喜气洋洋,最引人注目的是挺立在中央的一个高达 6 层的婚庆大蛋糕,其顶端站立着这对恩爱的金童玉女的袖珍仿真塑像。

由于是私家婚礼,规模有限,出席这喜庆盛会的只是被邀请的双方至亲好友和相关证婚人员,人数近百,不算太多,但气氛很热烈,大家正好欢聚一堂。婚礼宴会上,普里西拉身披那套洁白的婚纱,后面系着长长的拖裙,埃尔维斯穿着一套精致的黑色礼服,首先向贵宾来客表示热烈的欢迎和诚挚的谢意,然后恭敬喜酒,并且播放他自己唱的《祝酒歌》聊表寸心。大家对帅气十足的歌王新郎和如花似玉的娇小新娘都投以艳羡的目光,频频举杯祝福,恭贺有情人终成眷属。

对于婚礼的规模,帕克上校在策划时信心十足,说只要阿拉丁休闲中心的门警把牢大门,执行"非请莫入"的指示,贺喜的人数就能控制,场地便够用。但是,他的"只要……",没有要到,休闲中心大厅里的婚礼一开始,埃尔维斯的唱片《夏威夷婚礼曲》通过音响一播放,楼上楼下、大厦内外的众多男女老少像潮水般向中心大厅涌来,要进去看热闹。听说这是埃尔维斯的婚礼,那更求之不得,许多年轻力壮的男女——特别是歌王的粉丝——趋之若鹜,一拥而入,门警只得瞪眼干着急。这种突如其来的拥挤和哄闹使主人和宾客同样惊讶而难堪，后来，埃尔维斯与西拉亲自出面接见，赠送小礼品，并婉言相劝，才请出部分看客。许多铁杆粉丝则紧抓时机，不忍离去，奉陪到底。

最后举行的欢送会和记者招待会是系列盛会的另一高潮，人们的谈笑声、祝福声、告别声，相机的咔嚓声，汽车的喇叭声以及《婚礼进行曲》的优美旋律汇成了一曲难忘的乐章，记录了这对新人的极乐时刻。

当晚，借助好友弗兰克·西纳特拉的私人飞机"克里斯蒂娜"号，埃尔维斯与普里西拉得以迅速返回棕榈泉。两人在洛杉矶机场走下飞机时，远端出口处有不少摄影师、记者等。唯恐遭围困，随从为他俩另辟蹊径，驾车迂回而出。

他俩回到棕榈泉那栋寓所之时，留守的所有亲友都欢呼着来迎接，拥抱亲吻，祝贺新婚。大家喜洋洋、乐陶陶，为这美满姻缘祈福。

在洗手间、餐厅、休息室三处休整了一个多小时后，新郎、新娘准备入洞房。当音响播放出埃尔维斯的《夏威夷婚礼曲》时，埃尔维斯抱起他的新娘，跨过门槛，进入新房，而亲友们在原地不断地热烈鼓掌，直到房门关上。

轻轻地放下新娘以后，新郎温柔地亲吻着她的双唇。

"我爱你，西拉，我的妻子。"他深情地说。

"我爱你，我的歌王。"她几乎喜极而泣。

埃尔维斯携娇妻来棕榈泉寓居度蜜月是筹谋已久的，这次如愿以偿，他们感到很幸福。棕榈泉(Palm Springs)是加利福尼州的一座城市，在洛杉矶的东南面，与之相距约 160 公里。它地处圣哈辛托山麓，风光旖旎，气候宜人，是南加州一处旅游胜地。

度完蜜月之后，他俩即去贝弗利山(Beverly Hills)，入住山顶路 1174 号新购置的一处豪宅。

整整 9 个月以后，1968 年 2 月 1 日，他们的爱情结晶诞生了，是一个十分可爱的千金，芳名取为莉萨·玛丽·普雷斯利(Lisa Marie Presley)。普里西拉顺利产女，十分兴奋，满面春风；埃尔维斯更加高兴，如获至宝。

浮想联翩

1967 年，歌王完成了个人的终身大事，在事业方面也颇有建树。这年，他先后领衔主演了三部影片，《来得容易，去得快》(*Easy Come, Easy Go*)、《双重烦恼》(*Double Trouble*)以及《海滨野餐会》(*Clambake*)。

影片《来得容易，去得快》的故事发生在 20 世纪初的西班牙。1900年,船长希明顿在一次沉船事故中遇难,连货带船沉没水中,据说船上满载咖啡及一箱金币,知情人——尤其是船长的孙女乔·希明顿——为之惋惜不已。几年后,在亲友的大力支援下,孙女乔(由女星多蒂·马歇尔扮演)及其好友特德·杰克逊(由埃尔维斯扮演)最终打捞起这艘沉船,并获得了那只宝箱。但在清理盘点金币时,他们已找不到金光闪闪的,尽是些锈迹斑斑的,顿时大失所望。

这里,影片片名的含义似乎被诠释了。老船长的钱财挣得容易,沉得快;沉没的金币捞回来容易,变得快,即所谓:"眼睛一眨动,黄金变烂铜。"

影片中的事物虽多变,但埃尔维斯的歌声依旧,仍然动听,这回他唱了6首:

1. "Easy Come, Easy Go"(来得容易,去得快)

2. "The Love Machine"(爱情原动力)

3. "Yoga Is As Yoga Does"(修行还靠修行人)

4. "You Gotta Stop"(你得停住)

5. "Sing, You Children"(孩子们,你们唱)

6. "I'll Take Love"(我接受爱)

《双重烦恼》是米高梅公司于1967年4月隆重推出的一部宽银幕彩色歌舞片,也可说是一部比较典型的好莱坞休闲娱乐片。

片中的主人公是一对歌坛新星,男的叫盖伊·兰巴特,由埃尔维斯扮演,女的叫吉利恩·康韦,由安妮蒂·戴小姐饰演。她是位红发碧眼的美女,与光彩照人的埃尔维斯同台献艺时往往引起轰动,备受称颂。

影片开始时,只见盖伊在伦敦一个夜总会舞台上献唱,精神抖擞,声情并茂。后来他和安尼蒂就漂洋过海去欧洲大陆巡回演出,在比利时城市布鲁日的夜总会尤其成功,特受欢迎。最后所有演出皆圆满闭幕,他们凯旋。

许多观众看完影片步出影院时,心里不免有些纳闷,弄不懂影片为什么叫《双重烦恼》。纵观全片,剧中人的工作、生活各方面都顺风顺水,别说双重烦恼,就是单一的烦恼也没有。

原来,影片开始时埃尔维斯高唱的一首歌,就叫"双重烦恼"。真正的"双重烦恼",尽在《双重烦恼》的歌词中。

影片《双重烦恼》包含 8 支歌:

1. "Double Trouble"(双重烦恼)

2. "Baby, If You'll Give Me All Your Love"(宝贝,好好爱我)

3. "Could I Fall in Love"(我会爱上吗)

4. "Long Legged Girl"(长脚姑娘)

5. "City by Night"(夜城)

6. "Old Mc Donald"(老麦当劳)

7. "I Love Only One Girl"（我只爱一个女孩）

8. "There Is So Much World to See"（目不暇接）

9. "It Won't Be Long"（不会太久）

影片《海滨野餐会》中埃尔维斯扮演一位工程专业的大学生斯科特·海沃德,其知心女友黛安娜·卡特由谢利·费伯里斯小姐饰演。这是他俩自《女孩快乐》以来的第三次合作。

这部电影的故事发生在佛罗里达州的迈阿密,但埃尔维斯在影片摄制期间压根就没去过这海滨旅游胜地,有关场景都是在好莱坞的摄影棚或者加州洛杉矶的景点拍摄的,有些他的镜头——特别是非正面特写镜头——若非在迈阿密实地取景不可,联艺公司便特地找来一个外貌酷似埃尔维斯的青年人做其替身,以假乱真。

场景中包括多种欢庆活动,有沙滩聚餐、嬉闹,公路漫游、飙车,以及家庭游乐场的派对、舞会等,这些场合正好让埃尔维斯和谢利大展歌喉、大显身手。

歌王在影片里唱了7首歌:

1. "Clambake"（海滨野餐会）

2. "Who Needs Money"（谁需要钱）

3. "A House That Has Everything"（聚宝房屋）

4. "Confidence"（信任）

5. "You Don't Know Me"（你不了解我）

6. "Hey, Hey, Hey"（嘿, 嘿, 嘿）

7. "The Girl I Never Loved"（我没爱过的女孩）

第一首歌《海滨野餐会》, 在影片里出现三次。第一次随着片头映出而播送, 第二次于影片当中精彩处重现, 第三次它再萦绕耳际时引出剧终。一支动听的主题曲反复咏唱, 前后呼应, 回味无穷。

米高梅公司在1968年一鼓作气给埃尔维斯拍了三部影片, 分别是《乔, 走开》(*Stay Away, Joe*)、《赛车场》(*Speedway*)以及《活多久, 爱多久》(*Live a Little, Love a Little*)。

影片《乔, 走开》的拍摄现场在亚利桑那州的赛德纳及科顿坞两地。这两处曾是美国历史上给印第安人保存的居留地。影片的故事就发生于此地一畜牧业世家里。老人奇夫·莱特克劳德当初艰苦创业, 开荒放牧于此; 其子查理继承父业, 使草地牛羊成群; 孙辈乔·莱特克劳德(由埃尔维斯饰演)志高气盛, 手脚勤快, 协助爸爸放养了更多、更好的牛群。最后, 莱特克劳德家族的子孙两人获得了以国会议员莫利色命名的奖项, 被称为"畜牧高手", 奖品则是二十头小母牛和一头小公牛。

《乔, 走开》是部喜剧影片。主角乔·莱特克劳德不仅在

173

事业上有所建树,在生活方面也颇有收获。几经波折,他最终赢得邻家妙龄少女马米·卡拉汉的爱情。

片中有歌曲 5 首:

1. "Stay Away"(走开)

2. "Stay Away,Joe"(乔,走开)

3. "Lovely Mamie"(可爱的马米)

4. "Dominick"(多米尼克)

5. "All I Needed Was the Rain"(我只求雨)

《赛车场》是一部描绘赛车选手生活与工作的肥皂剧。影片中埃尔维斯饰演男主角斯蒂夫·格拉森,女主角苏珊·杰克斯由南希·希特拉纳扮演。斯蒂夫与苏珊同是一家自称"流连忘返"赛车迷迪斯科舞厅的歌手,他们各有所长,一个以歌为主,以舞为辅,一个以舞为主,以歌为辅。两人配合默契,口碑甚好,舞厅门庭若市,生意兴隆。

斯蒂夫不但是个出色的歌手,也是一个不赖的赛车手。他曾多次参加赛车场和越野赛车竞赛,在赛车场夏洛特 250 的一次比赛中,他名列第三,获奖金 9500 美元。不过,后来在另外一种比拼场合中,他荣获冠军,那次不在赛场,而是情场。只见他披荆斩棘,勇往直前,横扫众多对手,最终赢得苏珊的芳心。

这回,埃尔维斯在片中唱了6支歌:

1. "Speedway"(赛车场)

2. "Let Yourself Go"(你自己去)

3. "Your Time Hasn't Come Yet,Baby"(宝贝,还没轮到你)

4. "He's Your Uncle,Not Your Dad"(别把叔叔认作爹)

5. "Who Are You?"(你是谁)

6. "There Ain't Nothing Like a Song"(歌声美不胜收)

《活多久,爱多久》可不是一出欢闹的喜剧,而是一出较沉闷的言情剧。影片中,埃尔维斯扮演精神恍惚、心理变态的青年格雷格·诺伦,女明星米歇尔·凯里饰演其妻子伯尼斯,一个心地善良、任劳任怨、无可奈何的家庭妇女。沉默寡言的格雷格生活中唯一的乐趣是闲时逗着爱犬玩。狗通人性,既忠义,又听喝,简直成了他的心肝宝贝、至亲好友。

此犬能上银幕,在格雷格家出风头,全赖主人的风头。此话怎讲?原来,这只善解人意,演戏出神入化的忠义之犬,在现实生活中,竟是埃尔维斯饲养多年的宝贝宠物"门神"布鲁特斯。

这部影片让埃尔维斯演得有些气闷,但在拍摄过程中也有意外的惊喜。一天,影片导演诺曼·陶罗格先生及其夫人亲临雅园,带来一个黄色摇篮式婴儿床给小莉莎·玛丽。

影片中的插曲有 4 首:

1. "Wonderful World"(神奇的世界)

2. "Edge of Reality"(现实的严酷)

3. "A Little Less Conversation"(少谈几句)

4. "Almost in Love"(几乎爱上)

1960 年到 1968 年期间,埃尔维斯的精力几乎全部投入于影片的拍摄,以每年完成近三部电影的速度在拼搏着。他主演的影片虽一直很卖座,财源滚滚,但他的内心却有些空虚,有些壮志未酬的感悟,多年向往的经典名片或奥斯卡奖项一直与自己无关,令他颇觉落寞、失意。

此时,埃尔维斯在美国影坛虽是个大红大紫的明星,是许多少男少女影迷的偶像,但他自觉与他心目中的银幕偶像还相去甚远。自初中起,他就是个地道的影迷,最欣赏的电影明星是詹姆斯·狄恩(James Dean)。20 世纪 50 年代中期,此人主演的影片《天伦梦觉》(*East of Eden*)、《养子不教谁之过》(*Rebel without cause*)和《巨人》(*Giant*)曾轰动一时。狄恩在影片中展示的那种离经叛道的言行和特立独行的形象,既生动又深刻,使全国观众,特别是年轻人,耳目一新,交口称赞。《天伦梦觉》与《巨人》两片曾使詹姆斯·狄恩先后两次获奥斯卡最佳男主角提名。狄恩 25 岁时不幸死于一次车祸。对于詹姆斯的英年早逝，埃尔维斯曾伤心流泪，誓愿在创造银幕英雄形象方面，竭力继承衣钵。但始终未能遂愿。

经纪人帕克上校是个眼明手快的人，他这两年看出老套歌舞片在市场上已疲软了，埃尔维斯的劲头不大了，其影坛之路快到尽头了。埃尔维斯得改弦易辙。于是，1968年，他立即与全国广播公司（NBC）联系，不失时机地与之签订一档荧屏秀——埃尔维斯·普雷斯利电视特别节目。这次荧屏秀计划于1968年圣诞节前推出，是"猫王"8年来首次在电视上直接亮相。

帕克上校对埃尔维斯的艺术形象、演唱效果和经济效益当然很重视，但他的思维方式和操作模式却很保守。他只想以小场面、小制作来赢得高效应、高利润，计划将特别节目事先分段拍摄，其中曲目只包括经典而流行的圣诞颂歌。但NBC委派的制作人史蒂夫·宾德对此不以为意，另有主张。宾德先生原先就喜欢摇滚乐和"猫王"，并热衷于电视音乐的制作。这次，全国广播公司制作这档电视特别节目，他认为该是"猫王"闪亮复出的天赐良机，而不是圣诞歌曲的例行演出。

在这大相径庭的见地之间，埃尔维斯对帕克上校敷衍了事，对宾德先生赞赏不已，当这档节目于12月3日在NBC的电视频道上播出时，它显得别开生面，不同凡响。铺着红白地毯的小舞台挺立在大厅的中央，四周的观众席位坐满了穿着时髦的男女——多数是少女。埃尔维斯上台时面带迷人的微笑,手提贵重的吉他,个人外貌异常耀眼,头发乌黑闪亮,鬓角低留精修,衣服上下连体,同样乌黑闪亮。这套"戏装"是由一位著名时装师为他这场演出专门设计的,实际上是一套款式新颖、色泽乌黑的皮质连身衣。穿上这身崭新的行头,其形象更潇洒了,更具吸引力。这次随他演出的仍是几个老伙伴,主吉他手斯科蒂·穆尔、节奏吉他手查理·霍奇、击鼓手蒂·介·方坦纳以及铃鼓手艾伦·福塔斯。他们边谈边笑,边忆旧,边弹奏,与身边的观众拉近了距离,似故友重聚,分外欢欣。这次演唱的曲目,实际上与圣诞颂歌无关,只选自埃尔维斯的成名曲和上榜曲,总共 18 支:

1."Trouble/Guitar Man"(烦恼/吉他手)

2."Lawdy Miss Clawdy"(呵,克劳德小姐)

3."Baby,What You Want Me to Do"(宝贝,你要我做啥)

4."Heartbreak Hotel/Hound Dog/All Shook Up"(伤心旅店/猎狗/激动异常)

5."Can't Help Falling in Love"(不禁陷入情网)

6."Jailhouse Rock"(监狱摇滚)

7."Love Me Tender"(温柔地爱我)

8."Are You Loneome Tonight?"(今晚你寂寞吗?)

9."Where Could I Go but to the Lord"(我只好去见上帝)

10. "Up Above My Head"（头顶之上）

11. "Saved"（获救）

12. "Blue Christmas"（蓝色圣诞节）

13. "One Night"（一夜）

14. "Memories"（回忆）

15. "Nothingville"（纳锡维尔）

16. "Big Boss Man"（大老板）

17. "Little Egypt"（小埃及）

18. "If I Can Dream"（我向往）

这些脍炙人口、广为流传的金曲虽说大多数是老歌,但他的音调、唱法这次有所变换和改进,使之听起来很新颖、富有磁性和感染力。其中后面两首《回忆》（"Memories"）和《我向往》（"If I Can Dream"）是他的新歌。其曲调婉转,旋律激昂,配上他那声情并茂的演唱,令人感到荡气回肠。

演出结束时,埃尔维斯和他的小乐队赢得满堂喝彩。众多的女歌迷狂呼:"帅极了,歌王又回来了。"

此外,大众媒体对他阔别八年后的这次复出,不约而同地给予肯定和褒扬,夸他人品趋于成熟,演唱有长进。这无疑增强了他的信心和勇气。他要尽快正式回到歌坛,重操旧业,以崭新的形象与演唱赢得更多的观众。

鞠躬尽瘁

1969 年,20 世纪 60 年代最后一年,是埃尔维斯影坛生涯的制高点,也是他银幕之旅的终点。

在这一年当中,他按约定完成了个人 14 年从影经历中最后三部作品的拍摄。这三部影片是《墨西哥牛仔》(*Charro*)、《女生的烦恼》(*The trouble With Girls*)以及《习惯的改变》(*Change of Habit*)。

《墨西哥牛仔》描绘了 19 世纪 70 年代墨西哥人民反对独裁者费迪南德·马克西米利安的压榨并揭竿而起的英勇事迹。埃尔维斯领衔主演墨西哥牛仔杰斯·韦德。片中,他一改其奶油小生的传统形象,居然留了络腮胡子,风尘仆仆,为民族解放驰骋战场。

影片故事的背景设定在墨西哥,但它的外景取自美国亚利桑那州的阿帕切枢纽地区,其内景则摄于米高梅电影公司摄影棚。这部片子当时号称是"全国通用影片公司"(National General Pictures)的大作巨献,可实际上,这家公司的摄影棚却子虚乌有。此举开创了美国影视界"皮包公司"之先河。

此片于 1969 年 4 月 13 日开始全国公映,在墨西哥等移民中反应强烈,颇受欢迎。俄克拉马州、得克萨斯州以及路易斯安那州有人宣称这天为"牛仔日"。在 25 个南方城市里,有人组织"牛仔女郎"的竞选活动,为该片造势,也为其女主角特雷西·温特斯的饰演者艾娜·巴林小姐添风采。

在影片中,埃尔维斯破天荒只唱了一首歌,歌名与片名雷同。歌声浓缩,金曲一支,似乎给作品增添了画龙点睛的一笔。

影片《女生的烦恼》的片名最初叫作《肖托夸》(*Chautauqua*)。原名虽准确,但显冷僻,知之者知之。

一般而言,肖托夸是一地名,它是纽约州西南部临近肖托夸湖的一个城镇。1874 年,当地教会教育家约翰·文森特博士发起并组织了一次夏季教育集会,开创了普及成人教育的先河。后来这项活动在全国许多城市得到响应和发展。由此,"肖托夸"一词之义延伸了,直指"肖托夸式的教育集会"。

这种教育集会活动的内容与形式是丰富多彩的,有课程或专题的讲座,有讨论会、辩论会、演讲会,也有各种文娱集会和体育竞赛。

这部影片的主题就是围绕一次这种形式的教育集会展开的。埃尔维斯任主角沃尔特·黑尔先生,女明星马林·梅森当女主角查伦小姐。沃尔特和查伦是一对摇滚乐队的歌手,在这次夏季教育集会中大显身手,深受与会同学——特别是女生的欢迎。多次演出与观摩,多次邂逅与接触,却给许多人带来许多意想不到的烦恼,有的是甜蜜,有的是苦涩。

埃尔维斯在影片中唱了 6 首曲子:

1. "Swing Low, Sweet Chariot"(宝贝马车且慢行)

2. "The Whiffenpoof Song"(惠芬普夫之歌)

3. "Violet"(紫罗兰)

4. "Clean Up Your Own Backyard"(打扫你家后院)

5. "Sign of the Zodiac"(黄道带标记)

6. "Almost"(几乎)

《习惯的改变》由环球电影公司于 1969 年 11 月中旬出品,也是埃尔维斯演艺生涯的最后一部影片。

在告别演艺生涯的过程中,他还是乐于接拍此片,主观上想演好片中角色,因为这是一部主题严肃的伦理片。影片剧本是根据小说《修女玛丽·吉布森》(*Sister Mary O. Gibson*)改编的,描绘了该修女一生的光辉事迹。

修女玛丽是纽约州锡拉丘兹市玛丽亚·里贾纳医学院的院长,也是口腔科著名专家。她为儿童语言障碍疾病的治疗倾注了毕生的精力,使许多不会说话、发音混淆以及口吃的儿童最后变得能讲会说、口齿伶俐,让他们的身心恢复正常。

埃尔维斯在片中扮演该学院的约翰·卡朋特医师。他与女同事米歇尔·加勒弗尔志同道合,想方设法治愈了许多有语言障碍的病人,并且获得院长嘉奖。

此片中埃尔维斯唱的歌不过 4 首:

1. "Change of Habit"(习惯的改变)

2. "Rubbernecking"(东张西望)

3. "Have a Happy"(好快乐)

4. "Let Us Pray"(大家来祈祷)

他首次主演社会伦理片,在影片中的表演得到表扬,给他落寞的内心毕竟带来一丝温暖。他算尽了力,站好了最后一班岗,虽说始终未获主演佳作大片之机会。

似 火 年 华

（1 9 7 0 — 1 9 7 7）

东山再起

1968 年 12 月初埃尔维斯的电视特别节目所取得的轰动效应,极大地鼓舞了他们的"士气",强化了埃尔维斯东山再起的决心。登台献唱、巡回演出曾经开拓他的事业,现在将会进一步成就他。帕克上校也坚持此观点。并着手寻觅人气旺、场地大的剧院,让埃尔维斯重新展现"歌王"的风采。

1969 年 6 月,赌城拉斯维加斯新建的国际酒店开张在即,其豪华的大剧院正待营业。帕克上校与酒店经理碰面后很快谈妥,约定自 7 月 31 日起在国际酒店的大剧院演出一个月,每晚有两场,共计 57 场。

重返赌城之初,埃尔维斯可说把握不大,心有疑惧。13

年前，1956年春季，正当他在全美大出风头的时候，曾兴冲冲地来到拉斯维加斯演出，却遭冷遇，最后竟不了了之。这次会再遭不测吗？

这次不能重蹈覆辙，得改弦易辙。埃尔维斯这次是有备而来，在尊重美国传统音乐的基础上，他力求各方面都有所创新，包括选用的曲目、演唱的腔调、伴奏的方式、伴唱的规模和演出的服饰等等。如今，他心目中的观众不仅是年轻人或女士们，而应包括各种文化层次、各种年龄段的人。歌王应该给大众带来欢乐，埃尔维斯此时已意识到这个道理。

如今来这儿演唱的曲目决不仅是那种节奏快、音量强的摇滚乐，还包括节奏舒缓、曲调优美的抒情曲和福音颂歌，也要包括旋律低沉、情调深厚的布鲁斯以及节奏流畅、感情奔放的乡村歌曲。埃尔维斯是这样准备的，也是这样唱的。一个月的合同，爆满57场后，1970年1月又签订了三个星期的演唱，依然场场爆满。

这两次随同埃尔维斯来赌城演出的乐队，已不是他出道之初的那个总共四人的小乐队，而是浩浩荡荡的大队人马。除了当初几个老伙伴和后来增添的几个伴奏者之外，这次还邀请了一个由10多个乐师组成的摇滚乐队和配置齐全的管弦乐队。如此庞大的伴奏乐队只有歌王能动用得起。演出的效果与大乐队在大剧场产生的强烈共鸣有关。

此外,这两次的伴唱队伍也扩大了。"帝国四重唱"加盟了,他们是当时美国著名的男声四重唱小组,擅长为福音、流行歌曲伴唱。"甜美灵感小组"也加盟了,这是赢得过格莱美奖的女声三重唱小组。这两个小组发出的优美和声令人陶醉,使埃尔维斯唱出的金曲产生余音绕梁、不绝于耳之效。

至于演出的服装,那完全是崭新的,华丽至极。晚场开始之际,舞台顿时一片漆黑,随着悦耳的乐声,埃尔维斯走进光束,卓然亮相。只见他身穿一套洁白闪亮的连衫裤,衣领屹立,胸前开衩,袖口呈喇叭状,腰部贴身并缠着金色饰带,上衣连接着长长的喇叭裤。这套服装嵌绣了许多珍珠般闪亮的装饰物,显得豪华耀眼,富丽堂皇。这种款式的连衫裤,往后成了埃尔维斯演出时的标志性服装,颇具王者风范。

这种华丽的装束,随着动人的歌声、乐声与和声,在前后两轮近两个月的演出期间,都展示于千千万万的观众面前,闪耀于数百次的谢幕之中。当全场掌声雷动、欢呼不止时,埃尔维斯就伸开双臂,使系在背后的披肩像蝴蝶的双翼一样张开,满面笑容地来到舞台前端,单膝跪地,环顾四周,向观众表达衷心的谢意。这时,国际酒店的大剧院沸腾了,成了欢乐的海洋。

当 20 世纪 70 年代来临之际,埃尔维斯宣称:"我要息影了。"但实际上,这时他还息不了,停不掉。有人仍盯着他,想借其影坛余晖,再捞一把。这伙人不外乎制片厂的老板和汤姆·帕克上校。

情况真如人们所料,1970 年 11 月中旬,米高梅电影制片公司骤然在美国大中城市抛出一部新片巨制——《埃尔维斯——真人秀》(*Elvis—That's the Way It Is*)。

说它是新片巨制,不免言过其实,略显牵强,实际上它是新瓶装旧酒的大杂烩。不过,其取材还精良,图像还悦目,剪接还得体,解说还周到,仍不失为一部较好的猫王歌坛生涯纪实片。

影片的开头不同凡响,它以埃尔维斯唱的《神秘火车》("Mystery Train")将观众带进歌王的天地。这支情意缠绵的序曲之后接着是一首铿锵有力的《虎人》("Tiger Man"),引领观众去见识这位生龙活虎般的歌手及其感人的生活经历和动人的演艺成就。

随着画面的转换,观众可重温歌王往日的风采。众多的珍贵镜头,拍于各种场合和不同年代的演唱现场。

摘自米高梅影片公司摄制的曲目:

1. "Words"(词语)

2. "The Next Step Is Love"(爱情在即)

3. "Polk Salad Annie"（波尔克·色拉·安妮）

4. "Crying Time"（呐喊时刻）

5. "That's All Right, Mama"（没事儿, 妈妈）

6. "Little Sister"（小妹）

7. "What'd I Say"（我说过什么）

8. "Stranger in the Crowd"（人群中的陌生人）

9. "How the Web Was Woven"（网络的编织）

10. "I Just Can't Help Believin'"（我不得不信）

11. "You Don't Have to Say You Love Me"（你不必说你爱我）

摘自有声乐小组伴唱的演出实况：

1. "You Don't Have to Say You Love Me"（你不必说你爱我）

2. "Bridge Over Troubled Water"（汹涌河水上的桥）

3. "Words"（词语）

摘自国际希尔顿大剧院演出的实况：

1. "You've Lost That Lovin' Feelin'"（你已失去爱情）

2. "Mary in the Morning"（玛丽在上午）

3. "Polk Salad Annie"（波尔克·色拉·安妮）

4. "That's All Right, Mama"（没事儿, 妈妈）

5. "I've Lost You"（我失去了你）

6. "Patch It Up"（弥补）

7. "Love Me Tender"（温柔地爱我）

8. "You've Lost That Lovin' Feelin'"（你已失去爱情）

9. "Sweet Caroline"（可爱的卡罗琳）

10. "I Just Can't Help Believin'"（我不得不信）

11. "Little Sister/Get Back"（小妹/回来）

12. "Bridge Over Troubled Water"（汹涌河水上的桥）

13. "Heartbreak Hotel"（伤心旅店）

14. "One Night"（一夜）

15. "Blue Suede Shoes"（蓝色麂皮鞋）

16. "All Shook Up"（激动异常）

17. "Polk Salad Annie"（波尔克・色拉・安妮）

18. "Suspicious Minds"（多疑的心灵）

19. "Can't Help Falling in Love"（不禁陷入情网）

  1972 年 11 月初,米高梅影片公司又推出一部纪实性影片,冠名《埃尔维斯巡回之旅》(*Elvis on Tour*)。

  影片着重记录了 1972 年 4 月他在全国 15 个城市所作的巡回演出。这次巡回之旅始于 4 月 5 日,地点在纽约州的布法罗市,终于 4 月 19 日,地点在新墨西哥州的阿尔伯克基市。

埃尔维斯所到之处无不被粉丝追逐,无不被观众团团围住,演毕之后无不一再谢幕,很难退场。4月11日埃尔维斯在弗吉利亚州罗阿诺克市演出后受到市长罗伊·韦伯的亲自接见,并荣获该市金钥匙一把。翌年,影片《埃尔维斯巡回之旅》被好莱坞国际报业协会推选为1972年最佳纪录片。埃尔维斯为此欢欣不已,颇以为荣。

影片荟萃了他的26首名曲:

1. "Johnny B. Goode"(约翰尼·比·古德)

2. "See See Rider"(认出乘车人)

3. "Polk Salad Annie"(波尔克·色拉·安妮)

4. "Separate Ways"(不同途径)

5. "Proud Mary"(傲慢的玛丽)

6. "Never Been to Spain"(神秘的西班牙)

7. "Burning Love"(炽热的爱)

8. "Don't Be Cruel"(别冷酷)

9. "Ready Teddy"(精明的泰迪)

10. "That's All Right, Mama"(没事儿,妈妈)

11. "Lead Me, Guide Me"(指引我走)

12. "Bosom of Abraham"(亚伯拉罕的胸怀)

13. "Love Me Tender"(温柔地爱我)

14. "Until It's Time for You to Go"(直到你去)

15. "Suspicious Minds"（多疑的心灵）

16. "I, John"（我是约翰）

17. "Bridge Over Troubled Water"（汹涌河水上的桥）

18. "Funny How Time Slips Away"（嗬，时间飞快）

19. "An American Trilogy"（美国三部曲）

20. "Mystery Train"（神奇火车）

21. "I Got a Woman/Amen"（我有个女人/阿门）

22. "A Big Hunk O' Love"（深厚的爱）

23. "You Gave Me a Mountain"（礼物重如山）

24. "Lawdy Miss Clawly"（呵，克劳德小姐）

25. "Can't Help Falling in Love"（不禁陷入情网）

26. "Memories"（回忆）

这部影片实际上是上一部纪录片的延续,歌王曲目中某些得意之作这次虽有所重现,但场景、音响效果更佳,更受欢迎。至于新选入的歌曲,则多为摇滚乐坛的传世之作。影片中最后两首金曲将观众的情绪推向了高潮。埃尔维斯激情演唱《不禁陷入情网》时,简直把人带入极乐世界,令人沉醉于爱的海洋;他慨然吟唱《回忆》时,完全勾起人们对往日情怀的追忆,对至亲好友的思念。美妙的歌声真扣人心弦,感人至深,回味无穷。

分道扬镳

1971 年,对埃尔维斯而言,是不平凡的一年,是喜忧参半的一年。

新年伊始,1 月 9 日,他被美国青年商会授予"美国十佳青年"(One of the Ten Outstanding Young Men of America)奖。这是该商会颁发给全美各界杰出青年的奖项。1971 年获奖者也是十人,埃尔维斯是其中之一,代表演艺界。当他从该商会会长戈登·托马斯手中接过此奖项时,不由得感慨万千:"获此奖项,我真不敢当,与其说今天我来这儿接受这奖,不如说我是为陪伴其他 9 位精英而来。……我小时候就常有一种感觉,一天不唱歌,这天我就难过;一天不唱歌,这天我就交不上朋友;一天不唱歌,生活就没劲头。因此,我愿不停地唱。再见,诸位。"

喜获此奖之外,另有两件事也使埃尔维斯欢欣鼓舞。同年 6 月 1 日,他的故居,坐落在密西西比州图佩洛镇上的他出生时的那个简陋木屋,不但被州、镇当局保留,而且恢复原样,稍经修缮后,正式作为名人故居对外开放,供人参观。可见,家乡父老对他非常看重。后来,9 月 8 日他获宾·克劳斯比奖,令他颇感荣幸。此奖为纪念美国好莱坞 20 世纪 40 年代巨星、歌王宾·克劳斯比（Bing Crosby）而设,此人正是他崇拜多年的偶像,因此意义非凡。

生活中令他伤心痛苦的事儿,这年也出现了。这几年不断到各处巡回演出,加上一些影片、录像的拍摄和唱片的录制,埃尔维斯真是忙得团团转,疲于奔命。平时很少回家,夫妻感情逐渐淡漠,双方关系出现问题。

当然,彼此感情淡漠、关系欠佳不仅仅是由于他平时很少回家,其原因还有多方面,并且由来已久。他俩恋情的产生与深化先后出现于 1960 年他退伍前后和 1962 年普里西拉寄居雅园前后,其恋情的高潮当然是 1967 年春天的新婚以及翌年女儿的诞生,过后不久,低潮出现,他们的关系每况愈下。他们的婚恋历程长达 8 年,这在某种程度上也可表明他们的融合不是很顺畅,双方各有吸引力,但也各有缺点。

他们的魅力首先来自各自的外貌,埃尔维斯英俊挺秀,肌肤白皙,眼睛湛蓝,帅气十足,无数观众一见他演唱往往就喜爱他——当代知名的美国女歌星"小甜甜"布兰妮·斯皮尔斯甚至说:"埃尔维斯·普雷斯利是地球上最性感的男人。"普里西拉眉清目秀,仪态万方,是个活泼可爱的纯情少女。她当初被人发现,介绍给他,他一见她就喜爱上,不正是人们所说的一见钟情、一见倾心吗？而这时的情就钟在他们最初那美好的印象,这时的心也倾自那最初的美好。

相互的吸引力也源于各自独特的才干和个性。埃尔维斯高超的乐感、美妙的歌喉、伶俐的口齿、超强的记忆力以及对音乐的刻苦钻研,对演唱的大胆创新,对事业的无限追求都是他的才能和特点。他的优势强烈地吸引着千万观众,特别是普里西拉。她对他的演唱异常欣赏,对他的盛名无限崇敬,对他的生活关怀备至以及对他的要求百依百顺则是她的能耐,这些优点长期吸引着他,最后与她成了家。

与这些优点相对,各自也存在不少的缺点,这也是多方位的,一旦出现心理问题或感情危机时,各自的缺点就会被无限放大。

埃尔维斯的第一个缺点也许是他的任性与固执。在普雷斯利家族弗农这房之中,埃尔维斯是根独苗,双亲——特别是母亲——十分宠爱他,他要什么就尽量给他什么,他要做什么就让他做什么。这样的娇惯逐渐造成他独断专行,不尊重别人的性格。当他被誉为摇滚乐歌王时,这种任性与固执就成为霸道。他刚出道时,这一缺点尚未暴露。为了受欢迎,他往往显得虚怀若谷,极力迎合观众的喜好。在一次演唱歌曲时扭摆屁股引起观众尖叫和掌声后,他就多次如法炮制,使这种边唱边扭成为他独特的演唱风格,最终将他推上摇滚天王的宝座。但是,当他在乐坛红得发紫,闻名遐迩之后,他就唯我独尊,盛气凌人,听不进不同意见,别人据理力争时,他就大发雷霆,想骂谁就骂谁,与他在工作上或生活上打过交道的人差不多都有这种感触。

他的这种我行我素、专横跋扈的作风在其交友择偶的过程中经常暴露,普里西拉感触尤深。与埃尔维斯初恋及新婚的岁月里,她对他真是五体投地,百依百顺。他要把她打造成所谓的理想情人,比如要她浓妆艳抹,要她将头发染黑,要她改穿紧身服饰,要她盛装引领时尚,要她寓居雅园、日夜相伴,要她转学进入孟菲斯女子中学,不许与校外人士交往,要她平时深居简出、守身如玉,静待着他,她都俯首听命。总之,他要她言听计从,对他绝对忠诚,不许越雷池一步。

埃尔维斯的第二个缺点是其粗野与暴戾。不太了解埃尔维斯的人或与他没有深交的人,往往觉得他给人家的第一个印象是文质彬彬,和蔼可亲。但,这只是最初的印象,这种印象往往持续不久,随着情况的变化以及他的心理和行为的变化,他的状态有时让人摸不着头脑,使人感到他不再是过去那个和善的他,而变得像如今这般凶恶异常。这种印象与感触,他身边的人时有体验,特别是普里西拉以及他的助手、随从人员。

埃尔维斯这样的双重性格当然事出有因。他与人为善的表现多亏慈母的谆谆教导,他那凶神恶煞般的冷酷也许全赖橄榄球场上的熏陶。现在,让我们见识一下他如何对待他的几个至亲好友。

　　在他身边的朋友中,有许多是他中学里的同学,由于同样喜欢唱歌、打球,后来多成为他的好朋友,其中有一位名叫韦斯特的与他尤为知己,一次他在学校里遭人围攻时,这小伙子曾仗义帮他解了围。这些好朋友,在他成名后外出行动受阻,出现安全隐患之时,就成了他的随从或保镖。雇用这些随从、保镖的初期,他对他们很客气、宽厚,因为他们保证了他的人身安全和外出活动的便利。他也知道,为此他们付出了多少血汗,经历了多少风险,因为当时社会上有许多歹徒盯着这个年轻的暴发户,有的要抢劫,有的要绑架,有的甚至要暗杀他,因为他们的情人翻脸后却爱上了他。但是,雇用随从几年之后,他对这些人就不那么客气和宽厚了。有人对他的指令提出异议或执行得不如他意时,他会火冒三丈,破口大骂,叫人滚蛋甚至当场解雇。他的保镖韦斯特兄弟等人后来均遭此厄运,成为他蛮横无理的牺牲品。

　　普里西拉遭受的粗暴待遇也并不少见,有时甚至很严重。在他们共处的岁月里,埃尔维斯高兴的时候,常对西拉又搂又抱,又亲又吻;稍不称心或与她产生矛盾的时候,他又会对她又推又踹,又抓又掐,甚至拳脚相加,极尽发泄之能事。这种事曾经发生多次,闹得比较大的有两次。

一次是 1962 年她入住雅园后不久，这天埃尔维斯在家休假，正与西拉坐在房间里闲聊，这时一位随从拿来一袋东西，说道："你们有信。"随即退出。她立刻跳起去取信，心想是父母牵挂着自己。她刚拿到第一封信，还没来得及看清从何处寄来，即被他一手按住，叫她住手，先让他取信。她以为他在开玩笑，就挣开他的巨掌，又去拿信。接着，她那纤柔的手被他抓住，并被狠狠地扭捏着。她痛得哇哇大叫，他仍不松手，后来见她流了泪，才饶了她，接着，他厉声说："凡是来信，要让我先拿，我不喜欢你乱翻我的信。"后来，她那哭红了的双眼被身边的人见到，大家都猜想这场矛盾闹得不小。

另一次大约发生在两年后的一天，那天晚上吃过晚餐，他们两人先后走向他的房间，她先进入，见他床头柜上放着一本时装杂志，拿起来就想看，没料到杂志下面有几封信，还有几张照片。当她放下杂志，拿起照片想要端详的瞬间，她大吃一惊，手中的照片突然被重重地扑打在地，转脸一看，又是埃尔维斯，他这次大概显示了打橄榄球的本领，来了一个横向飞身扑抢动作。这次击打真吓得她汗毛直竖，半晌才回过神来。

"难道我不能看吗?!"她越想越气，终于反问。

"就是不能看，不让你看，你这个醋坛子。"他竟反唇相讥。

"我就要看，你有什么见不得人的东西。快拿出来，是什么照片?"

"跟女人在一起的照片,多着呢! 还有许多女人要跟我合拍照片呢!"

"我才不要看这些东西,你多光荣?!"

"你要不服气,可以走人啊,我无所谓。"他好像在摊牌,要赌个输赢。

"唉,你怎么这样对我?!"这时,她非常伤心,觉得有苦难言,有冤难伸,但是,为了顾全大局,只好逆来顺受。过了一会儿,她垂头丧气地走开,他把这次逞凶当作无事一样。

他俩的关系就在这样时好时坏、既有欢乐也有摩擦之中运行、发展。1969年初,他们的关系开始疏远,感情淡漠,相互埋怨。她怪他平时不大回家,心里没有她;他嫌她唠叨,烦起来没完没了。1971年期间他说她太放纵,变得认不出了,从外表到内心,已不是他曾经打造出的那个样子;她说他更放纵,多年来他老叫别人听他的话,而他自己从来不听别人的话。

在埃尔维斯脑海里,大男子主义和夫权观念的确很严重。与西拉交朋友期间,他限制她的学习、生活和社交活动的范围;与她成婚后,他要她成为他心目中的贤妻良母,一切听从他的安排,在家里一心一意抚养女儿。老待在家里带孩子,不见他回来施舍温存,她说心里闷得慌,想搞一些文娱、体育活动来丰富生活。最后他只答应让她参加他所熟习并热衷的一种东方武术活动——空手道,并请来闻名全国的空手道专家迈克·斯通先生担任教练,亲自传授技艺。斯通先生不仅武艺高超,精通教学,而且一表人才,八面玲珑。经历约两个月,在他认真而殷勤的教导下,普里西拉受益良多,感悟不少,不但体质增强,而且心情舒畅、胸怀开朗,前后判若两人。如今的她,思想活跃,个性开放,娇艳夺目,酷似一株茁壮成长的杏树,在教练的精心培育下,开了花,结了果,杏花越界开放,与斯通私通了。

这桩不光彩的桃色事件不久被雅园的"黑手党"得悉,迅速汇报给庄园主,于是,没过几天,就出现了这一幕场景。

一天下午,普里西拉与几个亲友在拉斯维加斯希尔顿大厦的意大利餐厅用餐,不一会儿,侍者给她递上一张纸条。上面的字是埃尔维斯写的,叫她立刻到 8015 套房里来。她感到很意外,怎么突然叫她去这个自己从未光顾过的房间。

她进入这房间后,他立刻锁上门。

"哦,你在这儿。要我来做什么?"西拉皱着眉头说。

"来结账。"埃尔维斯冷冰冰地嗤笑着。

"结什么账?"

"你躺下来就知道了。"说着,他一把将她推倒在身边大床上,并且向她扑了上去。

"你要压死我吗? 放开我!"他非但不松手,反而狠狠地扒开她的外衣,扯掉内裤。

"咳,你这个暴徒!"她竭力想挣脱,可是力不从心,保护不了自己。

这曾是真实的一幕,但绝不是正常男人的作为,而是疯狂情敌的施暴。他是有备而来,处心积虑地羞辱她,贬其人格,毁其尊严,伤其身心,无所不用其极。

最后,他狞笑着,大言不惭地说:"真正的男子汉大丈夫就是这样对待老婆的。"他这残暴的行为及恶毒的话语真使她义愤填膺,痛心疾首,不禁潸然泪下。

"你怎么会这样……伤害我?"她泣不成声。

"对我不忠诚的人就会遭报应,明白吗?"

"你什么时候对我忠诚过?你想到过这个问题吗?"

"笑话,你应该对我忠诚!"他似乎理直气壮。

"你也应该对我真诚,你懂吗?否则,就太不公平啦。"

"你要这种公平,还要脸吗?"他强词夺理。

"我做错事,是一时糊涂,你却不是这样,你乱搞关系,习以为常,执迷不悟。这种日子教我怎么过。我真的受不了,我们离婚吧。"她越说越激动,终于提出分手。

"离婚?是你提出的?……"

"是我提出的,犯法吗?"她此时义正词严,毫不退让。

"不,不犯法,守法,合法。不过……"他有个要求耿耿于怀。

"不过什么？"

"莉萨归我，由我来抚养。"

"好的，就这么说，但你得带好她。"她其实已想好，这样办比较稳妥。

1972年初的这次大风暴肆虐过度，多年的情缘竟遭遇厄运，毁于一旦。从1959年夏季邂逅西德到1973年10月正式离婚，埃尔维斯与普里西拉的情缘持续了整整14年，他们的共同生活——从1962年夏季西拉寄居雅园算起——也历时10年。这些年培育的情感不会由于两人分离而荡然无存。实际上，他们后来一直保持着良好的友谊，真挚地关爱女儿莉萨并且缅怀过去共同度过的美好时光。

普里西拉对埃尔维斯的怀念在本书其他相关章节中已经提及，恕不赘述。至于埃尔维斯对西拉的思念，在一支歌曲中有着强烈而真实的体现。此曲由马克·詹姆斯等三位知名音乐人为埃尔维斯创作。1973年，RCA发行过该曲。这以后的几年里，在许多重大的个人演唱会上，埃尔维斯都曾声情并茂、激动不已地演唱这支歌曲。当他伸出巨掌、仰望前方、引吭高歌、由衷呼唤之时，真扣人心弦，感人肺腑。这支歌曲名叫《总在我心上》（"Always on My Mind"），可说是他毕生演唱的众多伤感情歌中最真挚动人的一首。

州府义演

1973 年初,为摆脱离婚之痛,埃尔维斯全身心地投入另一次盛大的电视特别节目的准备和制作之中。这次是义演,由夏威夷李氏癌症基金会发起,特邀埃尔维斯及其乐队来夏威夷州首府火奴鲁鲁(Honolulu,即檀香山市)演出,通过国际通信卫星向国内外广大地区播放。

这个电视音乐会称作《埃尔维斯:来自夏威夷的问候》(*Elvis:Aloha from Hawaii*),埃尔维斯盛装赴会,这次他那标志性的连衫裤、披风、围领都变换了色彩和花饰,鲜艳夺目,异常抢眼,进一步展示了歌王的风采。

埃尔维斯一行于 1 月 9 日飞抵火奴鲁鲁,下榻于首府豪华的夏威夷村大旅馆。经过两天排练之后,12 日在火奴鲁鲁国际中央大舞台进行彩排、试演,现场观众达 6 千人。

1 月 14 日夏威夷本地时间中午 12 点半,《埃尔维斯:来自夏威夷的问候》的电视特别节目通过国际通信卫星 IV 向澳大利亚、新西兰、日本、韩国、越南、菲律宾及远东其他国家首播。次日,这档特别节目向欧洲 28 个国家播放。

以上两次音乐会被称为该节目的海外版,各包括金曲 24

首,后来又出了相应的国内版,除原来的 24 首之外,又增添了 5 首国内观众喜爱的名曲。

以下是这档特别节目的全部曲目:

1. "Paradise，Hawaiian Style"(夏威夷式天堂)

2. "Also Sprach Zarathustra"(也是琐罗亚斯德语)

3. "See See Rider"(认出乘车人)

4. "Burning Love"(炽热的爱)

5. "Something"(某事)

6. "You Gave Me a Mountain"(礼物重如山)

7. "Steamroller Blues"(压路机布鲁斯)

8. "Early Morning Rain"(清晨雨)

9. "My Way"(我的方式)

10. "Love Me"(爱我)

11. "Johnny B. Goode"(约翰尼·比·古德)

12. "It's Over"(完结)

13. "Blue Suede Shoes"(蓝色麂皮鞋)

14. "I'm So Lonesome I Could Cry"(孤独得只想哭)

15. "I Can't Stop Loving You"(不能不爱你)

16. "Hound Dog"(猎犬)

17. "Blue Hawaii"(蓝色夏威夷)

18. "What Now My Love"(亲爱的,怎么啦)

19. "Fever"（兴奋）

20. "Welcome to My World"（欢迎来到我的世界）

21. "Suspicious Minds"（多疑的心灵）

22. "I'll Remember You"（忘不了你）

23. "Hawaiian Wedding Song"（夏威夷婚礼曲）

24. "Long Tall Sally"（长而高的跃进）

25. "Ku-u-i-po"（库-伊-浦）

26. "An American Trilogy"（美国三部曲）

27. "A Big Hunk o'Love"（深厚的爱）

28. "Can't Help Falling in Love"（不禁陷入情网）

29. "Closing Vamp"（结尾的伴奏）

在巨大的舞台上,埃尔维斯演唱的姿态与情调随着歌曲的风格、旋律的变化而变化,只见他时而极目远眺,眉飞色舞;时而振臂引吭,激情满怀;时而边唱边跳,喜出望外。

这次演出规模巨大,盛况空前,影响极佳。这是一次义举,他为美国抗癌基金会筹集的资金约有 250 万美元。在他一生数百次巡回演出中,这次的观众最多,约有 10 亿人,遍及远东、西欧以及澳大利亚等地。

埃尔维斯演艺生涯的主旋律是唱歌,开音乐会,到全国各地巡回演出。1954 年他与友人艰苦创业时,靠的是去城镇开演唱会。以后的三年他发迹时，主要活动还是到处献唱。1970 年前后，当他功成名就时，他依然故我，重回老路，巡回演出，他心里一直想念的是广大观众和乐迷。

这次去宝岛夏威夷既非他的一般出行，亦非一般巡演。这次意义非凡，因它为人类抗癌斗争贡献了力量。他颇以此为荣。

风流倜傥

童年及少年时期的埃尔维斯是个很单纯、有礼貌、稍腼腆的男孩，这主要由其淳朴、善良的慈母多年培育而成。后来，随着年龄的增长，生活经历的拓宽，他性格方面的这些特点有了进一步发展。他的单纯，表现在生活、事业上，就是有所追求，始终爱唱；礼貌，在为人处世时，就是尊重别人，不强求什么；腼腆，在待人接物之际，就是不会厚着脸皮为非作歹。

20 世纪中叶，流行音乐、电影、电视是在美国文化、娱乐界发展最快、规模最大、影响最深的行业。埃尔维斯正好赶上这浪头，凭着独特的天分、磁性的歌喉、英俊的外表、逗乐的动作和超人的魅力，由一个南方的"山猫"摇身变为"摇滚乐之王"，在成为乐坛、影坛偶像的同时，也成为众多乐迷、影迷追逐的对象。他爱观众,又被观众所热爱,这就决定他的生活方式与平常人不一样。

埃尔维斯是个情感丰富的人,约 17 岁时,情窦初开,有时与女同学约会,跟一般青少年没什么两样。从 19 岁他扬名乐坛之初到他 42 岁猝然作古之前,他的感情生活是丰富多彩的,他的情感寄托是多种多样的。他的婚姻持续不长,从 1967 年 5 月到 1972 年 2 月,前后不足 5 年。其余年月,他是美国最耀眼的单身汉,个人生活既特殊又神秘。

由于他仪表堂堂,能弹善唱,魅力四射,他一生所到之处,从学校到舞台、电视台、银幕,再返回舞台,无不受到乐迷、影迷和大多数观众的欢迎和赞赏。许多女人,特别是少女,对他可说情有独钟,紧追不舍。而他呢,亦是尘世一情种,虽说不会任意拈花惹草,但遇上情投意合的俏佳人,他也会陷入情网,不能自拔。与他交过朋友、有过亲密接触的异性很多,其中有女同学、女同事、女歌手、女影星,也有乐迷、影迷和模特。前一类当中有些人颇值一提。

高中女同学中有个姑娘叫迪克西·洛基(Dixie Locke)。1953 年起,她对埃尔维斯一往情深,他对她也很有意思,经常双双参加学校舞会,甚至有传言说他们在谈婚论嫁,但无下文。5 年后,当埃尔维斯成为流行乐坛的偶像时,迪克西·洛基带头创立全美第一家埃尔维斯·普雷斯利歌迷俱乐部,并亲自担任主席。初恋的情人对他始终如一，无怨无悔。

还有一个女友叫阿妮塔·伍德（Anita Wood）。她原是孟菲斯电台、电视台音乐节目主持人。1957 年两人结识相恋，并同唱共录许多歌曲，显得情投意合，心心相印。但最后两人没走到一起，埃尔维斯不久就去西德服兵役，各奔东西。

女演员安·玛格丽特（Ann Margret）最为影迷们看好，被认为与埃尔维斯最相配。1941 年，她生于瑞典，是个能歌善舞、很会演戏的俊俏女子。1964 年，她与埃尔维斯联袂主演影片《拉斯维加斯万岁》（Viva Las Vegas）。两人的合作简直是珠联璧合、天衣无缝，使观众叹为观止。由于个人才艺同样出众，表演风格同样生动，她在观众中很快赢得"女性埃尔维斯"的美誉。很多影迷将他们看作是"天生的一对"。然而，他俩最后也没能成双成对，虽说银幕之外，他们的私交甚笃。

与埃尔维斯终于配成对的女子，众所周知，是普里西拉·博利厄小姐。她与埃尔维斯的婚姻虽不足 5 年，但他们的相处——共同生活在雅园前后近 10 年。普里西拉最初是在 1962 年 9 月随其监护人——埃尔维斯的父亲和继母迪伊——住进雅园的。作为主要监护人的迪伊后来宣称："我从未像母亲那样监护普里西拉，这女孩也不让我监督碍事儿，跟埃尔维斯一直好着呢，爱怎么就怎么。"

跟普里西拉离婚后不久,埃尔维斯又走桃花运。这次出现的佳人是琳达·汤普森(Linda Thompson)小姐。她毕业于州立孟菲斯大学英文系,在州选美比赛中获得"孟菲斯小姐"称号,在国内"美国小姐"竞选中赢得第二名。她对他由同情转变为爱情,他觉得她美丽动人,善解人意。1972 年到1976 年,他俩隐秘而浪漫地共同生活了近 4 年。这期间埃尔维斯生病住院时,她坚守他身边悉心照料。他对她也疼爱有加,先后赠予的珠宝服饰价值超过百万美元。

埃尔维斯的最后一位情人是金格·奥尔登(Ginger Alden)小姐。1976 年获"田纳西州小姐"称号的是特里·奥尔登(Terry Alden)小姐。埃尔维斯在收看该节目中的加冕仪式时,被这位"田州小姐"深深打动。于是,他特请老朋友孟菲斯市著名电视主持人乔治·克莱因先生约见她。特里·奥尔登同意赴约相见,并携胞妹金格·奥尔登同行。匪夷所思的是,这次会见中,埃尔维斯却迷恋上其妹金格。她当时年方 18,是"田纳西大学小姐"选美比赛大会的亚军获得者,其学识、风韵与魅力似乎超越其姐。琳达·汤普森离开雅园后不久,金格·奥尔登被邀入住,成为埃尔维斯又一位情妇,也是最后一位情妇。埃尔维斯猝死后,她宣称:"1977 年 1 月 26 日,埃尔维斯曾向我求婚,并送给我一枚重达 11.5 克拉的钻石订婚戒指。我们原定于 1977 年圣诞节结婚的。"她把这事说得活灵活现,可是有些人就是不信,说她胡编乱造。

以上几段情史皆有案可稽,后来都成为公开的秘密,是他感情生活的一方面。但其另一方面,有时众说纷纭,有时捕风捉影。有人说他对铁杆粉丝,来者不拒,扮演了"唐璜""登徒子"之流的角色;有人说他不轻易与人约会,非上佳者不予接见,非自愿者不予接待。不论情况如何,不管大家怎么说,有一点是肯定的,那就是:埃尔维斯是个性感情种,生活浪漫,风流倜傥。用他自己的话说:"与我相好过的女人,何止几个、十几个,真的数不胜数。"

乐善好施

埃尔维斯的确是个感情丰富、性格独特的人。个人生活方面表现得很罗曼蒂克;待人接物方面,却很友善,酷似其母。

在穷困中长大的他体验过生活的窘迫和经济的拮据。1954年在乐坛上一举成名,脱贫致富后,他那与人为善、助人为乐的性格在双亲——特别是母亲——的熏陶之下逐渐形成。

"慈善始于家园。"普雷斯利家族来自图佩洛的穷乡僻壤,人丁很兴旺。埃尔维斯发迹后,众多的嫡表穷亲戚都上门求助,他和母亲格拉迪斯总是笑脸相迎,慷慨解囊。好几位表兄弟的生活和工作，埃尔维斯都给包了下来，请他们入住并照管雅园。对贴身保镖及其家属，埃尔维斯也是倍加关怀，缺钱用就开支票，旧汽车不顶用就为之买新的。

对外人甚至素昧平生者，他也会动恻隐之心。一次，在去首都华盛顿的班机上，埃尔维斯邂逅一位返乡度圣诞节的新兵，在闲聊中得悉对方有些囊中羞涩，他立刻凑足 500 美元现钞赠送，并说自己也当过兵，知道这时准缺钱用。他的义举真使这位新战友进退两难，不过钱最后还是被笑纳了。

一次，在为随行人员购买汽车的时候，埃尔维斯无意间注意到一对年轻夫妇也在挑选车子，挑来挑去都嫌贵，买不起。他立刻上去对他们说："请挑选一部你们需要的汽车，我来付钱。"然后笑着跟他们一同去收银台，为之开了一张支票。这对夫妇后来得知他就是鼎鼎大名的歌王，还特意撰文登报致谢。

又有一次，在科罗拉多州，为助友人应急，他竟一下子赠送七辆崭新汽车，都是凯迪拉克以及林肯这样的名牌。

至于社会性的捐款，他提供的更多。定期收到捐助的单位有如下几类。

（1）教育机构：

"男孩之城"（Boy's Town）；

"汤姆、印第安学校"（Tom's Indian School）；

（2）宗教团体：

"救世军"（Salvation Army）；

"基督教青年会"（YMCA）；

"基督教女青年会"（YWCA）；

（3）民间机构：

"犹太社区活动中心"（Jewish Community Centers）；

"女孩会社"（Girls Clubs）；

"男孩会社"（Boys Clubs）；

（4）医疗单位：

"圣裘德医院基金会"（St. Jude Hospital Foundation）；

"肌营养不良基金会"（Muscular Dystrophy Foundation）。

每一机构每年所得捐款都以万元美金为单位计算,总数可观。

埃尔维斯的经济状况早在 1955 年他出道不久就大大好转,之后他很快富裕起来。1956 年初汤姆·帕克上校成为他的经纪人之后,埃尔维斯如虎添翼,迅速飞黄腾达,收入直线上升,成为百万富翁。进入 20 世纪 70 年代,他几乎是个亿万富翁了。

成功的事业使他赚了很多钱,豪华的生活使他花费很多钱,而善良的家教却让他懂得该如何使用一些钱。

心力交瘁

1973年与普里西拉正式离婚后,埃尔维斯成了孤家寡人,郁闷之极。满腔的怨愤,他用各种方式来排解,其中之一是暴食痛饮。

他自幼习惯于南方的饮食,爱喝牛奶、可乐,爱吃粗燕麦粉、饼干、油炸三明治、干酪汉堡包和牛肉,不喜欢蔬菜,讨厌鱼腥味。他的这种饮食习惯和爱好后来在格雷斯兰得到延续和发展,那里有4个专职厨师昼夜倒班服侍他,随叫随到,随要随烧。食物种类——如烤肉、香肠——增加有限,可是烹调的佐料品种繁多,烹饪的方式花样百出。这样烹制的食品更可口了,但其热量与脂肪的含量更高了,他家里特制的香奶饼干和夹涂花生酱、香蕉泥的三明治就属此类。

就是这样高热量、高脂肪的食品,不管与人共餐,还是孑然独享,他都吃得津津有味,乐此不疲。1973年下半年起,他更爱单独用膳,暴饮暴餐,以此消愁。长年累月这样吃下去,愁没见消掉多少,脸上的肉却长出许多。1米85的身高,体重竟达100公斤。

由于过于肥胖,40岁的他似乎不再适合巡回演出。一旦演出,动作迟缓,气喘吁吁,虚汗淋漓,显得有些疲于奔命。为避免在台上出洋相,维护歌王的形象,他服了多种减肥丸甚至泻药,后来导致肠胃经常疼痛。为保持劲歌热舞的独特风格,演出前,他经常服用大量兴奋剂。夜晚休息时,由于台上兴奋过度,又卧不成寐,还得依赖安眠片催眠。这样,他的生活及工作的每一个环节都少不了药物的陪伴。久而久之,这形成了恶性循环,严重戕害了他的健康。

其实,在前两年,他就闹过几次病,住过几次院,一会儿高血压,一会儿胸膜炎,一会儿咽喉炎。显然他的体质逐年恶化,使他变得外强中干。

虽说他的身体大不如前,但他的精神依然如故,要为歌迷、观众继续演唱,以回应、报答大众对自己多年的喜爱。

1976 年间,他时不时仍在忘我地进行巡回演出。身体实在不行,就住院疗养;一好就上路忙演出。他那饱含汗水和热泪的激情演唱真令人难忘,他不仅以动人的歌喉,也用赤子之心在高唱。有些珍贵的历史镜头,在相关的影视资料如影片 *Elvis On Tour* 和 *This is Elvis* 中还可见到,真催人泪下。

1977 年他登台演唱的次数减少了。5 月 29 日在马里兰州的港市巴尔的摩的演出中,他忽感身体不适,不过,休息半小时后,仍坚持唱完,观众颇受感动。6 月 26 日他在印第安纳州首府印第安纳波利斯市的广场大舞台隆重献艺。当他拖着浮肿的身躯,汗流满面、气喘吁吁地在舞台上声嘶力竭演唱时,他的观众几乎都站立起来,报以震耳欲聋的掌声,最后他又伸直双臂,张开披风向观众行了一个单膝跪地之礼。这也许是演员与观众之间最真挚、最强烈的感情交流吧。

除上述两次巡回演出外,1977 年的第三次音乐会计划于 8 月 17 日在缅因州的波特兰市举行。8 月初,埃尔维斯及他的乐队就紧锣密鼓地准备着。

就在这时,忽然传来消息,说市场上正在热销一本书,名叫《埃尔维斯——发生了什么?》(Elvis—What happened?)。这是一本有关埃尔维斯的惊人而离奇的故事集,叙述者是雷德·韦斯特、索尼·韦斯特和戴夫·郝布勒,执笔者是个小有名气的专栏作家史蒂夫·邓利维。

我们知道,雷德·韦斯特是埃尔维斯中学时代的同学,曾仗义执言,助他摆脱围攻,后来成为他的好朋友。索尼·韦斯特是雷德的表弟。他俩和戴夫一直是埃尔维斯的贴身保镖。1976 年 7 月,埃尔维斯的父亲弗农借故解雇他们三人,导致彼此关系的破裂和情绪的对立。

史蒂夫·邓利维来自澳大利亚,是个专为小报撰写艳闻逸事的行家里手。他在这本著作中将其能耐发挥得淋漓尽致,频频添油加醋地渲染埃尔维斯滥施权威,滥交女友,滥服禁药。

此书一出，顿成抢手货，因它是对这位大明星的空前大揭秘。这四个人，确实得到一大笔稿酬，但对他们的真实动机和言过其实，大部分歌迷和观众都表示怀疑，不予接受，有人说他们"动机不纯，血口喷人"。

无论外界反应如何，埃尔维斯对此书的出版感到痛心疾首。他是个很要面子的人，一直保持警觉，不敢为非作歹。如今却被贬为"暴君""浪荡子""药罐""白色渣滓"……不一而足。诬谤之词"白色渣滓"最伤他的心，他怎么成为白人当中的害群之马。今后如何做人，这些污名，跳到大海里也洗不清啊。

内心极端痛苦，身体仍然虚弱，但他还得挺住，还得继续准备定于8月中旬举行的音乐会。

永垂青史

巨星陨落

1977 年 8 月中旬音乐会准备工作的重点之一是演出的服装,即他那标志性的全套闪亮连身衣。虽然其式样、规格都差不多,但颜色、嵌饰各不相同。埃尔维斯有个习惯,每次演唱必穿不同颜色、花饰的这种服装。为这次波特兰之行,他订制了一套全新的。8 月 14 日,他的贴身助手比利·史密斯将这套新衣取来让他试穿,试后他悻然扔开:"不行,这套嫌小,我又胖了,到时候还是穿白色较大的那套吧。"

还有一事出行之前要做,就是他有颗蛀牙需补。8 月 15 日晚 10 时半,女友金格·奥尔登和助手比利陪他去牙科医生莱斯托·霍夫曼的诊所。约 3 小时后,埃尔维斯的龋齿才补好。

这里也许该谈一谈他那与众不同的生活习惯。"猫王"真像猫一样,总是喜欢夜晚出来活动。其实,1955 年一举成名之后,他就成为"众矢之的",失去了自由,白天时不好随意走动。有事要出去办,只好等夜幕降临,躲进汽车,在保镖的前呼后拥中走动、行事。为了购物、娱乐,他会花钱要商场开夜市,要电影院、游乐中心开深夜专场。多年来,白天休息,晚上出去,成了他的生活规律。

8 月 16 日凌晨 2 时左右他们回到格雷斯兰。然后埃尔维斯和金格邀史密斯夫妇对打壁球,对垒了约一小时,四人都很累,就回去睡了。埃尔维斯睡醒时已近中午时分,随手拿了一本书——《耶稣面部的研究》——到浴室去读。金格见他进去,随口提醒他:"别睡着了。""呵,不会的。"他应道。这句话,人们绝没想到,竟成埃尔维斯的告别,歌王的绝唱。

下午两点稍过,金格·奥尔登醒来时,却不见埃尔维斯,走进浴室,只见他倒在地上,一动不动。她吓坏了,立刻打电话叫来庄园总管乔·埃斯波西托。乔见主人出事儿,立即打电话叫救护车,通报埃尔维斯的私人医生乔治·尼古波拉斯。管家在揪心等待的同时,对主人施行口对口的人工呼吸急救法,但徒劳无益。过了一会,家庭医生乔治·尼古拉斯赶到,对埃尔维斯的左胸进行病理按摩,以期恢复心跳,另外,又试了其他几种急救措施,但依然不起作用。此时,救护车已到,立即将埃尔维斯送到本地浸礼会教会医院。主任医师约翰·夸特梅斯立刻对病人进行抢救,想使其心肺恢复功能,但为时已晚。

过后不久,院方准备了一份声明。浸礼会教会医院公关部副主任莫里斯·埃利奥特正式对外宣布,埃尔维斯·普雷斯利于美国中部标准时间 3 时 30 分不幸逝世,死于心脏病。于是,就出现了本书引言中所描绘的情景。

当晚,孟菲斯市的验尸官、医学博士杰里·弗朗西斯科作了一次尸体解剖。8 时正,他发表声明,正式认定埃尔维斯死于心脏病。

8 月 18 日,尊敬的布拉德利牧师主持了埃尔维斯的葬礼,后来遗体埋葬在福里斯特·希尔公墓其母格拉迪斯墓穴旁。8 月 29 日,有人企图掘墓抢尸。后来,为安全考虑,埃尔维斯及格拉迪斯的遗体移葬于格雷斯兰内的专用墓地。

8 月 18 日上午,当送葬车队经过孟菲斯主要街道时,那人群,真壮观;那街景,真动人。布拉德利牧师过后回忆说:"当时,街上涌现那么多人,真是人山人海,万人空巷呵。这场面只有 1968 年马丁·路德·金遇刺后出殡时见过。埃尔维斯人缘非常好,大家都喜欢他。他突然去世,人们接受不了。站在路边的妇女们大多捂着面孔哭泣,许多男子一手脱帽致敬,一手抚胸祈祷,年轻人——特别是少女,伤心得更厉害,抽泣不止。这场景真感动人!"

"一路上除了人多之外,就是花多。大街上原来花店就多,这时好像又出现许多连锁店,洁白的花朵几乎人手一束。后来,在葬礼仪式上,在墓地周围,在格雷斯兰内外都放满了鲜花和花环,人们以这种方式表达对埃尔维斯的缅怀。"

接着,牧师又谈到其他感人场景:

"他的同行们,特别是其四人伴唱小组的成员们,不但以花环,还以他们的歌喉悼念昔日的歌王。在葬礼上,比尔·戴尔先唱了《现在轮到我》("When It Is My Time"),杰克·赫斯接着选了一首福音曲《只有他明白》("Known Only to Him")。这两首动人的歌曲如泣如诉地表达了他们对歌王的深切怀念。"

"后来,随歌王巡回演出多年的艺人杰基·卡亨激情满怀地致了悼词,并说多年来,在跟随巡回演出之余,他每天都为队里写日记,而且经常把记的事读给埃尔维斯听,讲到这里,我得补充一句,听说他那一本正经的用词和浓厚的乡土口音,歌王听后总是笑个不停。在悼词的末尾,杰基说:'埃尔维斯,今天这是我读给你听的最后一篇记事。请安息吧。在你妈妈身旁安息吧。——啊,现在我多么想再看到你笑个不停!'"

对于歌迷、影迷和喜爱埃尔维斯的广大群众而言,歌王的猝死给他们的精神打击太大。在现实中,突然不见他的音容笑貌,突然没有他的现场演唱,生活太空虚,太枯燥,受不了。

于是,他们就相互走访,举行集会,追悼歌王,抒发情怀。

有些人首先自发集资,在密西西比州图佩洛镇他的出生地建造一个跨教会的教堂,以此缅怀他们心目中的耶稣——埃尔维斯。

接着,另一个群众运动展开了。成百上千的埃尔维斯歌友会、影迷会先后成立,人们收集、交流有关歌王的所有资料和实物,可谓汗牛充栋,包括各种报刊、图片、影片、唱片等,实物是指歌王生活及工作中用过的东西,更显珍贵。这种俱乐部性质的组织不但遍及全美,而且逐渐延伸到西欧的德国、英国以及亚洲等地区。

众多的美国人、英国人、德国人以及其他国家的人都以他们各自不同的方式纪念、缅怀埃尔维斯,他们这样做也许是基于一个相同的看法:埃尔维斯·普雷斯利是个可敬、善良、杰出的摇滚乐歌唱家。

身后亲人

1977 年 8 月 16 日埃尔维斯撒手人寰时,他撒下的直系亲属有三位,时年 84 岁的祖母明妮·梅,61 岁的父亲弗农和 9 岁的女儿莉萨·玛丽。

勤劳、善良、硬朗的老祖母早年对聪明、活泼、好动的小孙子一直很疼爱,时时关心他,呵护他。他5岁时,有一天觉得不如意,突然使性子,拿起身边一只棒球就乱扔,站在他身边的梅奶奶反应极快,立即闪开,逃过一劫。自那以后,埃尔维斯就给奶奶起了个绰号"闪得快"。除了妈妈以外,他最爱奶奶。格雷斯兰乔迁之日的第一位入住者请的就是"闪是快"。

埃尔维斯过世时,她哭得最伤心,导致眼疾加重。3年后,老人家作古,葬于格雷斯兰的冥想园,与儿子、儿媳和心爱的孙子长眠在一起。

文化水准不高、早年时运不佳的弗农•普雷斯利在1958年丧妻后曾全力辅助儿子事业,照管日常工作。1960年7月他续了弦,但1977年11月,双方断绝关系。1979年6月,他死于心脏衰竭。他一生为儿子做的事不多,但享的福却不少——还有,惹的祸也不小,执意解雇韦斯特兄弟等三人的决定就是他做出并下达的。

9岁丧父的莉萨多年来得到母亲普里西拉无微不至的关怀。祖父弗农和太祖母明妮•梅去世后,她成为埃尔维斯遗产的唯一继承人。按照父亲的遗嘱,1993年,莉萨•玛丽年满25岁时,即可正式继承埃尔维斯•普雷斯利的遗产——据估计,其总价值约为1亿美元。

她很幸运,获得如此巨大的家产,但也很不幸,4岁时父母离异,9岁时丧父,缺少父母完善的照顾与指引。

5岁时,她随母亲移居洛杉矶,那儿虽然生活条件很好、很舒适,但她一时尚难适应。有时她就回格雷斯兰去看爸爸。宝贝女儿回来,她要什么,他就应允什么。要他陪着看电影,他就派人去电影院包个深夜专场;要看马戏,就把整场表演包下来。要看她从来没见过的雪景,他就派私人飞机送她去犹他州的滑雪场,在雪地上嬉闹翻滚不过20多分钟,却花掉3万多美元。父亲对她的百般宠爱,后来却助长了她的任性。不知是出于好奇,还是为了解闷,她吸了毒,上了瘾。

1988年20岁时,她恋爱结婚了,嫁给丹尼·科。有了家庭的温暖、受到基督教的熏陶,她毅然断掉毒瘾。这次婚姻持续6年,带来子女各一名。1994年初双方各奔东西。

1994年5月26日,在多米尼加共和国某地,莉萨·玛丽秘密再婚,第二任新郎是鼎鼎大名的黑人歌星迈克尔·杰克逊(Michael Jackson)。这位当时美国流行歌坛的怪才猎奇有术,居然博得"猫王"之女的欢心。他们两人能走到一起,也有其奥秘。杰克逊自幼对猫王五体投地,敬佩至极。自己成名后,对莉萨钟爱有加,她既是偶像之千金,又长得兼有父母之俊美。莉萨对乐坛这位后起之秀也颇有好感,他那新颖而时尚的歌声与舞姿、殷勤又厚重的拜访与馈赠,终于抵消了种族偏见,撮合彼此的二婚。但历时不到 19 个月,他们的婚姻,就像迈克尔经常整容的那张面孔一样,又变了,吹了。

2002 年 8 月 11 日,在夏威夷一家高级酒店里,莉萨·玛丽第三次做新娘,新郎是好莱坞巨星尼古拉斯·凯奇(Nicolas Cage)。婚礼也是秘密举行的,只有双方直系亲属参加,尼古拉斯带着一个 12 岁的儿子韦斯顿,莉萨则由一双儿女,13 岁的丹尼尔和 12 岁的本杰明陪伴,子女阵容占了上风,倒是这次喜庆的独到之处,非一般婚礼所能比拟。

凯奇多年来一直是埃尔维斯的铁杆粉丝,对莉萨,他是慕名而来,情有独钟,认为当猫王的女婿挺荣耀,也可给自己的事业锦上添花。尼古拉斯·凯奇近十多年以来为好莱坞拍了许多部电影,动作片、言情片、科幻片等等,不一而足,其中大部分很叫座,有的甚至演得不赖。早几年他曾赢得过一次奥斯卡最佳男主角奖。他主演的《变脸》在我国上映曾轰动一时。

莉萨与尼古拉斯的罗曼史始于 2002 年 4 月,直至该年年底。这期间他俩关系演变的轨迹是:秘密幽会、公开牵手、如胶似漆、喜结连理、形影不离、吵吵闹闹、若即若离。2003 年,他们的关系则演变得更具戏剧性,从互不相让、说离就离、离了又合,最后到合了又离。两人吵吵闹闹、互不相让是彼此性格迥异使然。譬如说,尼古拉斯渴望与莉萨生育一两个自己的孩子,他对埃尔维斯的血统、天赋和魅力太景仰了。莉萨对此却很冷漠,她十多年前就做过母亲,滋味尝够,不愿再劳累。再如,尼古拉斯喜爱工艺品,勤于收藏,视若珍宝。当莉萨成为凯奇家的主妇之时,她丝毫没有怠慢自己当家作主的身份,在主持家务之时,也主宰家里的一切,当然包括老公的艺术收藏品。其中她喜欢的,她仍然放好;她不喜欢的,就挪窝儿,弃置,甚至借花献佛、赠送亲友,或自作主张,低价出让。她的主终于做过头,使得老公非常恼怒。这样,他们的家最后没有撑住,正像居古拉斯的脸,在影片《变脸》中一样,没有保住。

外表显得冷艳傲慢的莉萨·玛丽,其实内心还是热情随和的,她对父亲及其业绩非常敬佩。聆听爸爸的歌曲时常随声哼唱,跟爸爸的录音相比,也算吟唱得像模像样。

2003 年,在父亲“猫王”逝世 25 周年纪念日前夕,莉萨·玛丽继承父亲衣钵,推出首张个人专辑《敬启者》(*To Whom It May Concern*),颇获好评。专辑内所有的歌曲全由她自己创作,这是她 3 年多悉心钻研的成果,也是对父亲抚育之恩的回报。

业绩斐然

在西方,埃尔维斯·普雷斯利被称为"摇滚乐之王"。这可不是虚名,不是哪个权威,也不是哪位显贵所恩赐的,而是他多年演唱、毕生奉献所取得的,是千千万万观众自发冠以的,可谓众望所归。

所谓王者,必定是划时代的,出类拔萃的,具有其独特的风范和卓越的业绩。埃尔维斯在流行乐坛及演艺事业上的业绩,是有目共睹的。现在让我们重读一下有关的历史记载,看看当年他的歌曲专辑和唱片在全美、国外的某些音乐排行榜上的排名和时段。

进入全国 100 佳前 3 名的歌曲专辑有:

1. *Blue Hawaii*(《蓝色夏威夷》,第一名,历时 20 周)

2. *Elvis Presley*(《埃尔维斯·普雷斯利》,第一名,历时 10 周)

3. *Loving You*(《爱着你》,第一名,历时 10 周)

4. *C. I. Blues*(《从军曲》,第一名,历时 10 周)

5. *Elvis*(《埃尔维斯》,第一名,历时 5 周)

6. *Elvis Christmas Album*(《埃尔维斯圣诞特辑》,第一

名,历时 4 周)

7. *Something for Everybody*(《给所有人》,第一名,历时 3 周)

8. *Roustabout*(《马戏团》,第一名,历时 1 周)

9. *Aloha from Hawaii via Satellite*(《来自夏威夷的问候》,第一名,历时 1 周)

10. *King Creole*(《克里奥尔王》,第二名)

11. *Elvis is Back*(《埃尔维斯归来》,第二名)

12. *Elvis' Golden Records*(《埃尔维斯金曲特辑》,第三名)

13. *Girls! Girls! Girls!* (《女孩! 女孩! 女孩!》,第三名)

14. *Elvis' Golden Records, Volume 3*(《埃尔维斯金曲特辑 3》,第三名)

15. *Fun in Acapulco*(《阿港趣游》,第三名)

16. *Peace in the Valley*(《宁静山谷》,第三名)

17. *Moody Blue*(《忧郁的蓝》,第三名)

进入全国 100 佳歌曲第 1 名的有:

1. "All Shook up"(《激动异常》,历时 8 周)

2. "Heartbreak Hotel"(《伤心旅店》,历时 7 周)

3. "Don't be Cruel"(《别冷酷》,历时 7 周)

4. "Teddy Bear"(《玩具熊》,历时 7 周)

5. "Jailhouse Rock"(《监狱摇滚》,历时 6 周)

6. "Are you Lonesome Tonight"(《今夜你寂寞吗?》,历时 6 周)

7. "It's Now or Never"(《时不我待》,历时 5 周)

8. "Love Me Tender"(《温柔地爱我》,历时 4 周)

9. "Stuck On You"(《粘住你》,历时 4 周)

10. "A Big Hunk O' Love"(《深厚的爱》,历时 2 周)

11. "Good Luck Charm"(《好运护身符》,历时 2 周)

12. "Surrender"(《给予》,历时 2 周)

13. "Don't"(《不》,历时 1 周)

14. "Suspicious Minds"(《内心多疑》,历时 1 周)

15. "I Want You. I Need You. I Love You"(《我想你,我要你,我爱你》,历时 1 周)

16. "Hound Dog"(《猎犬》,历时 1 周)

17. "Too Much"(《太多》,历时 1 周)

18. "Hard-headed Woman"(《固执的女人》,历时 1 周)

另外,在全国乡村音乐排行榜上占榜首的唱片有 15 张,在节奏布鲁斯及流行音乐排行榜上占榜首的唱片有 14 张。除此以外,在英国流行歌曲排行榜上占第一位的唱片有 21 张,其中前 6 位的是:

1. *It's Now or Never*（《时不我待》,历时 7 周）

2. *All Shook up*（《激动异常》,历时 6 周）

3. *Wooden Heart*（《呆板的心》,历时 6 周）

4. *The Wonder of You*（《你的奇迹》,历时 5 周）

5. *A Fool Such as I*（《像我这样的傻瓜》,历时 5 周）

6. *I Need Your Love Tonight*（《今夜我需要你的爱》,历时 5 周）

在埃尔维斯生活的时代,音乐传播的主要媒介是唱片。从唱片的销售数量,也可看出歌手的业绩和知名度。在他 23 年的舞台生涯历程中,埃尔维斯唱片的总销量已逾十亿张。这个十亿张的数量,在全国歌手的唱片销售史中是独占鳌头、空前绝后的。当时,计量还有另外一种方式,售出超过百万张的歌曲唱片称为金唱片。1956 年到 1978 年,埃尔维斯的金唱片有 94 张之多。他录制唱红过的歌曲有 700 多首,其中约 50％是老歌新唱或老调新词,约 20％是旧曲改编,约 30％是全新的。专门为埃尔维斯谱曲填词的音乐人开始人数比较少,水准一般,直到后期才有改观,人数增多了,水平提高了。不论新歌或老调,由"猫王"来演唱,其效果就是非同一般。

除歌曲专辑、唱片外,埃尔维斯在好莱坞主演的电影共有

33 部,均由大影片厂制作、发行。

1. *Love Me Tender*(《温柔地爱我》,1956,20 世纪福克斯公司,插曲 4 首)

2. *Loving You*(《爱着你》,1957,派拉蒙公司,插曲 7 首)

3. *Jailhouse Rock*(《监狱摇滚》,1957,米高梅公司,插曲 6 首)

4. *King Creole*(《克里奥尔王》,1958,派拉蒙公司,插曲 11 首)

5. *G. I. Blues*(《从军曲》,1960,派拉蒙公司,插曲 11 首)

6. *Flaming Star*(《火红的星》,1960,20 世纪福克斯公司,插曲 2 首)

7. *Wild in The Country*(《乡村的狂野》,1961,20 世纪福克斯公司,插曲 4 首)

8. *Blue Hawaii*(《蓝色夏威夷》,1961,派拉蒙公司,插曲 6 首)

9. *Follow That Dream*(《追随梦想》,1962,联艺公司,插曲 6 首)

10. *Kid Galahad*(《加拉哈德小伙子》,1962,联艺公司,插曲 6 首)

11. *Girls! Girls! Girls!*(《女孩! 女孩! 女孩!》,1962,派拉蒙公司,插曲 13 首)

12. *It Happened at The World's Fair*(《世博会轶事》,

1963,米高梅公司,插曲 10)

13. *Fun in Acapulco*(《阿港趣游》,1963,派拉蒙公司,插曲 11 首)

14. *Kissing Cousins*(《浪漫的表亲》,1964,米高梅公司,插曲 8 首)

15. *Viva Las Vegas*(《拉斯维加斯万岁》,1964,米高梅公司,插曲 9 首)

16. *Roustabout*(《马戏团》,1964,派拉蒙公司,插曲 11 首)

17. *Girl Happy*(《快乐女孩》,1965,米高梅公司,插曲 11 首)

18. *Tickle Me*(《逗我乐》,1965,联艺公司,插曲 9 首)

19. *Harum Scarum*(《冒失鬼》,1965,米高梅公司,插曲 9 首)

20. *Frankie and Johnny*(《弗兰基与约翰尼》,1966,联艺公司,插曲 12 首)

21. *Paradise，Hawaiian Style*(《夏威夷式天堂》,1966,派拉蒙公司,插曲 9 首)

22. *Spinout*(《回形滑行》,1966,米高梅公司,插曲 9 首)

23. *Easy Come，Easy Go*(《易得易失》,1967,派拉蒙公司,插曲 6 首)

24. *Double Trouble*(《双重烦恼》,1967,米高梅公司,插曲 8 首)

25. *Clambake*(《海滨野餐会》,1967,联艺公司,插曲 7 首)

26. *Stay away，Joe*(《乔，走开》,1968,米高梅公司,插曲 5 首)

27. *Speedway*(《赛车场》,1968,米高梅公司,插曲 6 首)

28. *Live a Little，Love a Little*(《活多久，爱多久》,1968,米高梅公司,插曲 4 首)

29. *Charro!*(《墨西哥牛仔》,1969,国家电影总公司,插曲 1 首)

30. *The Trouble with Girls*(《女孩的烦恼》,1969,米高梅公司,插曲 6 首)

31. *Change of Habit*(《改变习惯》,1969,通用公司,插曲 4 首)

32. *Elvis——That's the Way It Is*(《埃尔维斯——真人秀》,1970,米高梅公司,共收录 35 首歌曲,主要取自米高梅公司和拉斯维加斯有关的现场演唱录像资料)

33. *Elvis on Tour*(《埃尔维斯巡回之族》,1972,米高梅公司,精选 26 首历年现场演唱的歌曲)

以上影片虽然不是鸿篇巨制,艺术性也不怎么样,但其票房却高得出奇。一部接一部,只要是埃尔维斯主演的影片,只要能听到他的歌,看到他的戏,无数观众都会来。这就是歌王的魅力与业绩。

至于他一生所获得的奖项，也不计其数。他的专辑唱片获得的金奖、银奖有140多项。他曾三次赢得格莱美唱片大奖。1971年，埃尔维斯又获"格莱美终身成就奖"。此奖颁给埃尔维斯乃众望所归，是对他毕生业绩的高度肯定。

雅园流芳

埃尔维斯去世后，汤姆·帕克上校曾断言："埃尔维斯人虽不在了，但他的歌还在，他的成就与价值是永恒的。"三十多年来，"猫王"的身后故事，却实实在在被上校言中了。

格雷斯兰是埃尔维斯事业腾飞的标记，也是他生命终结的场所。现在让我们来看看这些年来"雅园"所经历的变化。

普里西拉作为埃尔维斯的前妻，既是莉萨·玛丽的监护人，也是埃尔维斯的遗产受托人。当时重点托管的财产就是格雷斯兰。这个豪宅当时价值约为50万美元，而其每年的设备使用费和宅院保养维修费差不多也需要50万元，事情很棘手。怀着对前夫的旧情和尊敬，她毅然决定重新整顿格雷斯兰，取消或更换不再需要的场所与设施，保留修缮埃尔维斯生活起居、工作活动的场所以及休闲、文体设施，其中主要包括卧室、起居室、餐厅、客厅、宴会厅、音乐室、录音室、奖品室、古玩室、健身房、台球房、游泳馆、壁球馆、跑马场及汽车库。1982 年 6 月,格雷斯兰的大门对外敞开,正式开放,迎接海内外参观者。由此,格雷斯兰成为摇滚歌王纪念馆,当年门票 5 美元一张。

有了这纪念馆,亲朋好友可重温与埃尔维斯交往的美好时光,一般参观者可得知歌王与摇滚乐的成长与兴旺史,标新立异者可感悟领衔时尚的要素与诀窍,歌迷、影迷可体验心目中偶像的耀眼光环。

时至今日,纪念馆已开放了 40 多年,慕名而来的人何止千万。据统计,来格雷斯兰参观的人,每年约有 60 万人。就每年接待的人数而言,它仅次于白宫。每逢他的生日或祭日,来这里观瞻的人更多,纪念活动频繁。

2007 年 8 月 16 日,适逢埃尔维斯逝世 30 周年纪念日,格雷斯兰举行了隆重的纪念大会,开展了许多纪念活动。参加这次大会的人数超过 5 万,主要的活动是 8 月 15 日晚间开始的烛光集会。当晚,格雷斯兰庭院内外无数根洁白的蜡烛闪闪发光,通宵达旦,无数守夜者默默地悼念着埃尔维斯,场景极为壮观。此情此景通过"天狼星"人造卫星,由"永恒的埃尔维斯广播电视台"向全国乃至全球直播。

除了格雷斯兰这个主会场以外,悼念埃尔维斯的其他会场还很多,分布于美国国内许多城镇和国外一些地方。美国国内主要是由有关地方、公司或社团组织的,其中包括他的出生地图佩洛镇、孟菲斯"太阳唱片公司"、美国无线电公司、埃尔维斯公园、埃尔维斯广场以及分布各州的埃尔维斯博物馆和埃尔维斯歌友会。国外的会场主要在英国、德国、法国、日本等地。

2007 年 8 月 16 日晚间,孟菲斯城隆重举行了一次"'摇滚乐之王'埃尔维斯逝世 30 周年纪念演唱会"。这次纪念演唱会非同一般,不是由别人演唱,而是由埃尔维斯演唱,与 2002 年 8 月 16 日那次一样,会场舞台当中放置了一个大屏幕,放映了"猫王"历年演唱录像的精彩片段,歌曲是原声的,但伴奏、伴唱是现场的,由当年与埃尔维斯同台演出的伴奏者、伴唱者再次与歌王配合,让他们,也让与会者和所有观众,重温往日情怀。

这样,历史与现实自然融合了,这也体现了"猫王"歌声的生命力。

40 多年来,人们如此怀念他,足见他在人们心目中的地位和他本人具有的价值。"猫王"的生命力不仅体现在他的人文价值、社会价值,也体现在其商业价值、经济价值。

在他献身歌坛的 23 年中,在他一举成名、继而大红大紫的漫长岁月里,他的歌曲作品,他的唱片、专辑、录像、影片、光盘及磁带一直是抢手货,其销售量往往大得几乎无法统计,许多单曲或专辑就卖出几百万张,上千万的也有。据美国影视界权威人士统计,在埃尔维斯逝世之前,他的歌曲专辑的总销售量约六亿盒之多,大大超过其他艺人作品的销售量。埃尔维斯在成为亿万富翁的同时,也为 RCA、派拉蒙、米高梅等公司赚得巨额利润,其中,为几家影片公司赢得的票房价值,那时已超过一亿五千万美元。另外,他也使其"军师"帕克上校变为百万富翁。

其实,埃尔维斯的经济价值不仅体现在他的音乐作品、遗产和身后成立的埃尔维斯·普雷斯利公司上,而且还体现在其他许多方面,归纳起来,可谓一种产业。这种产业,当"猫王"健在时,好像已有苗头。他过世后,则得到大发展。如今,与埃尔维斯有关或沾边的商店、公司、博物馆、大饭店、游乐场、汽车商、飞机厂、拍卖行等都在大行其道,大赚其钱。凡是埃尔维斯曾经吃过的、穿过的、用过的、住过的、喜爱过的、接触过的……其价值、价格一直看涨,一涨再涨。

美国著名财经杂志《福布斯》(*Forbes Magazine*)每年不但公布全球《十大富豪榜》,也发表《十大已逝富豪榜》。据其2002 年度的统计,"摇滚乐之王"在去世 25 年后,已成为全球收入居首位的逝者。格雷斯兰净赚 7500 万美元,主要是从门票和"猫王"纪念品销售中得来。埃尔维斯·普雷斯利公司则盈利 7 亿 5000 万美元。时至 2010 年,他身后的收入仍居高不下,时而蝉联桂冠,时而稳居前三。"猫王"经济价值由此可见一斑。

埃尔维斯在世时,有那么多人喜爱他,过世时有那么多人思念他。如今,40 多年后,依然有那么多人喜爱他、思念他。从这个意义上说,埃尔维斯仍旧活在人们心中,音容宛在,永垂不朽。

传奇轨迹

从 1939 年到 1977 年 8 月 16 日,在这漫长的 38 年中,埃尔维斯差不多每天都接触音乐,欣赏歌曲。

从 4 岁起,他每天最开心的时候,是下午 5 点左右他父亲及叔伯们干完农活回到自家屋前休息、自娱的时刻,这会儿,他们会吹笛拨琴,哼曲唱歌,他却高兴得手舞足蹈。每星期他最盼望的一天是星期日,这天上午他好跟着父母上教堂做礼拜,学唱福音圣歌,下午常由妈妈带到教友集会中去看人家唱歌跳舞。上学以后,他最喜欢的课是音乐课,最想参加的活动是歌咏比赛。平日空闲时,他最喜欢和妈妈一道坐在家里收音机旁收听音乐节目,边听边议,边跟唱边记忆。每逢有校外活动,他常去附近黑人住宅区见识他们的歌舞娱乐方式,觉得好奇又有趣。读高中时他曾参加勤工俭学,选择的工种是电影院的引座员,为的是能有机会欣赏艺术,特别是好莱坞的歌舞。有空上街逛商店时,首选的往往是音乐商店或乐器商店,去拓宽视野,增长知识,欣赏经典或新潮名曲。为送给妈妈生日礼物,他一本正经地去到"太阳录音社"录制了一张自己的唱片。应录音社老板菲利普斯之约,他与当地两位年轻乐手反复合奏试唱,切磋进取,终获赏识,脱颖而出。

在乐坛崭露头角之初,他着手钻研演唱的曲目与技巧。身旁没有名师指导,他就一方面埋头自学乐理知识,一方面摸索自己的演唱风格。在以后的巡回演出、视频亮相及影片拍摄之前,几乎每次他都认真准备,反复试唱,不臻完善,决不罢休。另外,他也能经常仔细观摩其他歌手的演出,取别人之长,补自己之短,充实自己的曲目,改进自己的风格,不断钻研,不断进取。

他的这种表现与事迹不胜枚举,因为这些现象频繁地出现在他生活历程的各个阶段。他的这些表现说明什么?很显然,它表明了他的性格特征,他酷爱音乐,爱到痴迷的程度。

伴随他性格的这一特征,当然还有他的天赋,一种非同寻常的资质与才能。他的天赋首先表现在他的口齿和嗓音。

音乐可谓世上最美的语言,唱歌基于口舌之功力,美妙的歌声首先来自清澈而伶俐的口齿。对于母语是英语的歌手而言,这方面难度可能更大一些,但埃尔维斯的口齿很伶俐,他唱出的歌词与曲调清晰悦耳。比如说,他的成名曲之一《别冷酷》就是一例证,很少有歌手会唱他这首炙手可热的名曲,别说能唱好它,因为其中 cruel 一词就很难唱。这个单音节的词,前面有辅音连缀,最后以辅音结尾,读准其发音已不容易,唱得好听就更难。

至于他的歌喉,可说是得天独厚,无出其右。他的嗓音洪亮而浑厚,音质纯正,音色柔美,音域宽广,他幸运地具备优秀歌手的先天条件。虽从未经历科班调教,但通过自学苦练,他掌握了基本乐理与技巧,发挥了自身的嗓音优势,独创一格,将众多歌曲唱得非常动听,他的许多金曲可作有力例证。用许多歌迷、听众的话来说:"埃尔维斯的嗓音富有磁性,很有感染力,同样的歌曲,由他来唱,常常最为动听,百听不厌。"

伶俐的口齿及美妙的嗓音展示了埃尔维斯的音乐天资,那么他的音乐才能是怎么展现的呢?我看,这在于他的创新精神。

让我们先来看一看他是如何起步,如何跨入乐坛的。1954 年 7 月由太阳录音室发行的唱片《没事儿,妈妈》使他初露锋芒。其实,这本是一支不起眼儿的老歌民谣,被他翻唱成功了。词和曲是原来的,但声调和唱法与众不同,他运用乡村音乐、布鲁斯的节奏,满怀唱福音圣歌时的激情,以山区摇滚乐的旋律演唱完成。无疑,他从这次"以旧创新"的实践中尝到甜头,以致后来他这一招多次重现出彩。

翻唱老歌,在乐坛上不是新鲜事,由来已久,不足为奇,但埃尔维斯的翻唱,大多卓有成效,因为他将老歌摇滚化了,其节奏、旋律、声调及风格几乎是全新的,强劲奔放,热烈震撼。他"以旧创新"的模式不止一种,有的老歌词曲基本保留,例如《温柔地爱我》《今晚你寂寞吗?》《不禁相爱》《汹涌河水上的桥》等;有的老歌歌词全非,曲调基本照旧,例如《时不我待》及《给予》分别改编自意大利著名歌曲《我的太阳》和《重归苏莲托》。这些老歌新唱,不但使经典焕发青春,而且让时尚顺势成长。

摇滚乐是 20 世纪 50 年代初期正式在美国兴起的。摇滚乐(rock and roll)这个词出自当时克利夫兰电台音乐节目主持人艾伦·弗里德之手。他从一首节奏布鲁斯《我们要摇,我们要滚》("We're Gonna Rock, We're Gonna Roll")曲名中获得灵感,推出这既形象又包含强劲动感的乐种名称。早期知名的摇滚乐歌手有杰基·布伦斯顿(Jackie Brenston)、比尔·哈利(Bill Haley)等人,但他们大都无甚建树,不成气候。埃尔维斯·普雷斯利出现后,摇滚乐在流行乐坛上才有较大起色,逐渐风靡全球。

上文已经提及,他的开山之作是《没事儿,妈妈》。这支由"大男孩"阿瑟·克留达普谱写的蓝调老歌刚发新芽的时候,埃尔维斯和其合伙人两个吉他手的境况都不佳,还没能正式组成小乐队。这个几乎一穷二白的年轻卡车司机凭着他的胆识和毅力,开始艰苦创业。从此,他全身心地扑进他的演艺事业中。目睹摇滚乐逐渐流行,自己吸引了越来越多的观众——特别是年轻人,他的信心更足,劲头更大,从他当初的独唱小乐队发展到后来拥有4男4女伴唱、20多位乐手的大乐队。

由一人独唱到独唱加多人伴唱、由3人小乐队到近30人的大乐队、由只用一种乐器(吉他)到广用多种乐器,这种规模、气势方面的提升使摇滚乐产生更大的引力以及更强的震撼,使他20世纪60—70年代的多次个人演唱会以及几次公开义演引起轰动,大大地促进了现代摇滚乐的发展。这不能不说是埃尔维斯的又一贡献。

1957年下半年,RCA唱片公司推出唱片《监狱摇滚》,米高梅影片公司献出影片《监狱摇滚》。这同名的唱片及影片是埃尔维斯演艺事业的里程碑,也是摇滚乐发展史上的亮点。摇滚乐起步期间,歌声就往往伴有舞蹈动作,到20世纪50年代中期,舞蹈的含量愈来愈多。这部影片正好显示了这一特点。片中的歌声持续约5分钟,但每一秒钟都伴有舞蹈动作,作为主演的他不但要边唱边舞,还要带动剧中 30 多个狱友一起跳。这复杂多变、难度极大的表演却进行得很顺畅,歌声激昂而哀怨,舞蹈粗犷而井然有序,恰如其分地表达了犯人的悲愤及无奈。埃尔维斯的演唱生动逼真,轰动一时,被演艺界内外人士誉为摇滚乐经典作品。锦上添花的是,歌舞场面的设计、舞蹈动作的编排都是埃尔维斯个人完成的。

他在流行乐坛多年大展歌喉、大出风头,无疑给他带来众多荣耀与桂冠。现在,让我们简要地回忆一下他的业绩与奖项。

从 1954 年 7 月出道到 1977 年 8 月过世,在这 23 年的时光里,埃尔维斯演唱过的歌曲有 800 多首,唱红的约有 300 首,上榜的——登上国内外流行歌曲排行榜——约有 150 首,荣获桂冠的约有 50 多首。他拥有 88 张金唱片,67 张白金唱片,他的唱片全球总销售量超过 10 亿张。

他毕生举办过 1100 多场个人演唱会,场场爆满。他主演过 33 部好莱坞电影大片,平均每部约有 9 首歌曲,部部叫座。

他多次获得乐坛大奖。荣获 3 次格莱美唱片大奖,1971年,赢得"格莱美终身成就奖"。他还得过"宾·克劳斯比奖""英国金唱片奖"等国内外音乐奖项。

埃尔维斯如此光辉的业绩和巨大的荣耀,在全球流行音乐界,无与伦比,无人可及。他不愧为摇滚天王。

在他献身乐坛的 23 年中，人们曾有幸目睹、欣赏他的精彩演唱。而至今，我们依然能欣赏到不少埃尔维斯的精彩演出，这是他留下的唱片、影片等音像资料的功劳。多亏这笔巨大的个人音乐遗产及其发扬，近几十年来，摇滚乐在美国及世界各地蓬勃发展，成为当今全球流行音乐百花园中的一株奇葩，最为抢眼，最受推崇。"猫王"埃尔维斯的粉丝到处都有，人数众多，规模宏大。单在美国，他的乐迷、影迷何止百万，他的粉丝俱乐部数以百计，各个俱乐部各有特点、各显神通。人数方面，少则 50 人左右，多则约 500 人。志趣方面，有的为消遣而欣赏，有的为学术而钻研，有的为工作找出路，有的为营销做广告，有的为理念寻依托。目的方面，有的为娱乐，有的为事业，有的为生活，有的为赚钱，有的搞迷信。这最后一种现象似乎神奇得不可思议，但在美国确有其事。一些乐迷迷得太深，不能自拔，认为埃尔维斯·普雷斯利是当代的耶稣，要顶礼膜拜，奉若神明。

埃尔维斯·普雷斯利的一生就是在他个人独创的奇迹的陪伴中度过的，这些奇迹，犹如一颗巨星运行的轨迹，终于铸就"猫王"传奇。

后　记

　　提起"猫王",我国如今有很多人,甚至有些小学生都知道,他就是美国摇滚乐歌王埃尔维斯·普雷斯利。

　　他如何获此雅号,这事儿知晓的人也许不多。是哪位女士或先生首先称埃尔维斯·普雷斯利为"猫王",这很难考证。但有一点我敢肯定,起此雅号的人绝不是美国本地人。在撰写本书之前,我曾参阅过许多有关埃尔维斯的原文书刊,但从未见过与"猫王"相对应的英语词被用来称呼他。

　　其实,有两个英语称呼,曾先后赋予埃尔维斯。一是Hillbilly Cat,一是 The King of Rock and Roll。前者指"山猫"(美国南部山区的猫),是埃尔维斯出道之初得到的绰号,寓意颇为辛酸,因 hillbilly 有"山区乡巴佬"之贬义;后者"摇滚乐歌王",是他如日中天之时荣获的雅号,词义颇为荣耀。把这两个词组压缩为一个词"猫王",不失风雅,颇有创意,亦具内涵,既简明,又形象。如今,"猫王"在我国几乎尽人皆知,真得感谢此词语的首用者。

关于这位美国流行歌手,早年我只略知一二。起初是从上海《文汇报》一篇有关报道中得知其人其事。这篇述评记得是1955年下半年的一天在复旦大学老图书馆里阅读到的。文章指出,近年来美国流行乐坛出现了一种怪现象。一个当过卡车司机的小伙子,带着由3个伙伴组成的小乐队,凭着震耳欲聋的乐声、强劲迅疾的节奏、粗犷响亮的歌喉以及扭摆臀部的动作,到处演唱,风靡全美。文章又说他们最近在某城市一家剧场演出后,该剧院正门前的道路上聚集大批刚退场的观众。这些依旧沉浸在劲歌热舞中的人们不愿离去,其中许多青年男女就地竞相模仿这个歌手粗犷的表演风格,边唱边扭,又摇又摆,导致众多行人驻足围观,道路交通堵塞良久。最后,约一个小时后,市政当局出动大批警力才驱散骚动的人群,恢复当地的交通。这个引起轰动的歌手,无疑是指当年的埃尔维斯·普雷斯利。

过后,在漫长的年代里,通过某些书刊、广播媒体,有时偶尔也得知他的一些情况,但都是一鳞半爪、支离破碎的。

改革开放以后,特别是现代流行音乐、摇滚乐从国外传入后,埃尔维斯及其歌曲逐渐在国内被了解、接受。从20世纪80年代开始,我对他的演唱生涯产生浓厚的兴趣,他的歌曲听过很多,他的故事读过很多。90年代初我赴美国进行学术交流期间，于闲暇之余，曾寻觅、收集了许多有关埃尔维斯的原文书刊和音像资料。回国后，特别在退休后的岁月里，我陆续研读、观赏了手边所有的相关文献与资料，对"猫王"有了全面而深入的了解。最近两三年中，我正式提笔，已三易其稿，希冀奉上一本内容翔实、刻画生动的《猫王传》，献给国人。

现在拙作已完成，"生米已煮成熟饭"，但不知是否夹生，是否烧焦，是否保持原汁原味，是否包含"猫王"精髓，请各位指正。埃尔维斯的一生是篇传奇，他的业绩是顿大餐，但愿读者诸君能从书中品尝些许美味。哦，要是此书能当作享受此顿美餐之前的一道开胃小菜，笔者则不胜荣幸。

韩祖铎

于浙江大学启真名苑

图书在版编目(CIP)数据

猫王传 / 韩祖铎著. —杭州：浙江大学出版社，
2024.4

ISBN 978-7-308-24732-0

Ⅰ. ①猫… Ⅱ. ①韩… Ⅲ. ①普莱斯利(Presley，
Elvis 1935－1977)－传记 Ⅳ. ①K837.125.76

中国国家版本馆 CIP 数据核字(2024)第 053894 号

猫王传

韩祖铎 著

责任编辑	蔡　帆　宋旭华
责任校对	吴　庆
封面设计	周　灵
出版发行	浙江大学出版社
	（杭州市天目山路 148 号　邮政编码 310007）
	（网址：http://www.zjupress.com）
排　　版	杭州朝曦图文设计有限公司
印　　刷	杭州宏雅印刷有限公司
开　　本	787mm×1092mm　1/32
印　　张	8
字　　数	135 千
版 印 次	2024 年 4 月第 1 版　2024 年 4 月第 1 次印刷
书　　号	ISBN 978-7-308-24732-0
定　　价	49.00 元